肩書き「オレ」で生きていけ!

唐土新市郎《からつち しんいちろう》

Discover
ディスカヴァー

はじめに

今の時代、すべての「働く人」にとってもっとも重要なのは、

「会社に頼らず生きていく」

ということです。

あなたは、会社がなくなっても『自分』という看板で生きていくことができますか？それだけの「稼ぐ力」が身についていますか？

もちろん、これは「フリーランスになれ！」「今すぐ起業しよう！」なんて話をしているのではありません。サラリーマンだろうが、契約社員だろうが、パートだろうが、何だろうが、「会社や組織に頼らなくても生きていける自分」というものを持つ。実は、これからの社長もそうです。

この状態をつくっておくことが大事なのです。

これからは、間違いなくそういう時代になります。

理由を挙げればキリがありません。

まず、会社はいつ倒産するかわかりません。

その瞬間、あなたは人材マーケットに放り出されます。若い人でもベテランでも関係なく放り出されます。

そのときあなたは、「自分の価値」というものをしっかり、きっちり示すことができますか？

運よく会社が倒産しなかったとしても、どこかの企業に買収されて、一夜にして会社の制度がガラリと変わり、上司も変わり、業務内容も変わり、評価軸まですべて変わってしまう。

そんな劇的な変化のなかで、これまたあなたは「自分の価値」というものをきちんと示すことができますか？

まだまだあります。

会社に大きな変化がなかったとしても、部署が変わって人間関係がメチャメチャになり、日々ストレスいっぱいで「もう、こんなところで働けない」と思うことだって十分あります。

ストレスフルな環境で肉体や精神がむしばまれてまで、あなたは働き続けますか？　会社にしがみつきますか？

はっきり言って、そんな環境ならすぐにでも逃げ出したほうがいい。だって、自分の人生、そんなの楽しくないでしょう。

そんなとき、あなたは会社を飛び出すことができますか？　会社を飛び出して「自分の価値」をしっかり示していけますか？

これは、人ごとではありません。あなたの物語なのです。

◎『肩書き「オレ」』が時代を生き抜くキーワード

これからの時代、働く環境や条件、待遇は目まぐるしく変わり、ＡＩが発達すれば、人と機械の役割分担は抜本的に変わっていきます。

今まであなたがやってきた仕事を、ＡＩがあなたの１００倍のスピードでこなす時代がもうすでに来ているのです。

外国人労働者がこれまで以上に入ってくれれば、従来とはまったく違った競争、異なる評価基準が生じてきます。

終身雇用が崩壊し、転職が当たり前の世の中はもう現実になっていますし、最近は「働き方改革」の波のなか、よりフリーランスに近い「独立系」の働き方や雇用形態を認める会社も増えてきています。

要するに、**「会社と個人の関係」が決定的に変わってきている**のです。

まさに今、組織の時代から「個人の時代」へと移り変わっています。

そんな時代に、自由に、自分らしく、毎日ワクワクして働くためのキーワードは何だと思いますか？

それが、**「会社に頼らずに生きる」**です。

もっと言うなら、**「肩書き『オレ』で生きていく」**です。

組織に属しているとかいないとか、そんなことは関係ありません。

つねに独立心を持ち、いざというときにはいつでもどこでも、「自分の看板」で世間と渡り合っていける——そんな人であれば、会社の人間か、フリーランスか、起業家か、なんてことは大きな違いではありません。

これは脅しではありません。今という時代、そんな「個人のサバイバル能力」があらゆる人に求められているのです。

◎転職しても独立しても、「自分で稼ぐ力」を身につけろ!

さて、この本のテーマはずばり、「キャリア3年で、肩書き『オレ』で生きていく」です。

新入社員なら、会社に入って3年。

すでに働いている人なら、この本を手に取ってから3年。

その限られた期間の中で、「肩書き『オレ』で生きていく」ためのサバイバル能力を身につけようということです。


「サバイバル能力を身につけなければならないことはわかったけれど、具体的にどうすれば……?」と思った方、安心してください。

本書では、そのためのノウハウをガッツリお伝えしていきます。


自己紹介が遅くなりましたが、私は唐土新市郎《からつちしんいちろう》と申します。

2019年3月まで「船井総合研究所」というコンサルティング会社で取締役専務執行役員をしていました。私は組織の肩書きにこだわるわけではありませんが、最年少で執行役員となったみたいです。

在職時にコンサルティングをした企業は150社超。年商2000万円の小さな会社から年商1兆円を超える上場企業まで担当しました。その間、私は一貫して「自分の看板」で勝負してきたつもりです。

つねに「集客2倍、売上1・5倍」で、いつでもどこでも、誰にでも即実践できる「仕事の好転スキル」を提案し続けてきました。

一言でいえば、**「お客さんに稼いでもらう、そして自分も稼ぐ」**。そのスペシャリストです。

そんな私も、今は独立し「ひとりぼっち社長」。まさに、**「肩書き『オレ』で生きていく」を実施中です。**

これまで私が多くの人たちと出会い、さまざまな体験をさせていただいてきたなかで培ったもっともシンプルな鉄則は、

とにかく、**「肩書き『オレ』で稼ぐ力」を身につけろ！**

です。

もちろん、人生は「お金がすべて」ではありません。働く意味や目的にしたって、「お金がすべて」ということはないでしょう。

あなたにはあなたの価値観があり、望む生き方があり、素敵な人生がある。それは当然です。

しかし、その「望む生き方」を楽しく、愉快に実践するためには、やっぱり「稼ぐ力」が必要でしょう。そこは絶対外せません。

だから、私は今の若い人たちに「肩書き『オレ』で稼ぐ力」を身につけてほしいと思っています。それもキャリア3年で、**人の3倍のスピードで身につけてほしい。**

そこで本書では、肩書き「オレ」で生きていくために必須のスキルを以下の7つに構成してみました。

①スタンスチェンジ力（まず、意識を変えろ！）

②行動力（とにかく、行動に移せ！）

③自頭力（自分の頭で考えろ！）

④ **セルフブランディング力（自分をコンテンツ化しろ！）**
⑤ **関係構築力（コミュニケーションの達人になれ！）**
⑥ **メモカ（あらゆる体験を自分の血肉にしろ！）**
⑦ **成長力（自分をアップデートさせろ！）**

この先3年で、あなた自身が「肩書き『オレ』で生きていく力」を身につけたなら、もう何も恐れることはありません。

だってもう、いつでもどんな状態でも、自分の力で稼げるんですから、何も心配はいらないでしょう。

そうなったら、こっちのもの。

その先はただ、あなたが思うような「自分の人生」を楽しく生きていけばいいのです。

どうですか？　ワクワクしませんか？

始めるなら「今」です。

もくじ

肩書き
「オレ」で
生きていけ!

第1章【スタンスチェンジ力】まず、意識を変えろ！

第2章【行動力】とにかく、行動に移せ！

第3章 自分の頭で考えろ！【自頭力】

第5章【関係構築力】コミュニケーションの達人になれ!

第6章【メモ力】あらゆる体験を自分の血肉にしろ！

第7章【成長力】自分をアップデートさせろ！

第1章【スタンス チェンジ力】

まず、意識を変えろ!

とにかく、一度はやってみろ。そして、二度目はもっとうまくやれ！

上司や先輩から仕事を頼まれて、

「えっ、それ私がやるんですか？」

「その仕事って意味ありますか？」

と感じることがあるでしょう。

最初に言っておきますが、そう感じることはじつに素晴らしい。何も感じず、ただ言われたままに仕事をする人より絶対伸びます。これは確実です。

しかし、だからと言っていきなり文句を言ったり、正論をぶちかましてはいけません。

ここに大事なコツがあります。

それは、「とにかく一度はやってみること」。
そして、「やってみて考えること」です。

先輩に対して、いきなり「この仕事の目的は何ですか？」「何を目指してやってるんですか？」と訳知り顔で聞くのは、あまりおすすめできません。

絶対に聞いちゃいけないとは言いませんが、世の中、だいたいのことは経験しなければわからないものです。

もっと言えば、**「人生なんて経験するためにある」**とさえ私は思っています。

だからこそ、とにかく1回目は何でもいいからやってみる。経験してみる。これに尽きます。

そもそも、「行動へのチェンジが速い」のはめちゃくちゃ重要です。それだけでも、その人の価値、周囲の評価は決定的に違ってきます。

特に新人や若手のうちは、**「着手するまでのスピード」はとにかく大事です。**

だから、まずはやってみる。

しかし、そこで終わってしまってはダメ。

「肩書き『オレ』で生きていく人」になりたいのなら、**何かを経験したら、その後必ず考える。**これは必須です。


「これって、いったい何のためにやったんだろう？」

「本当に必要だったのかな？」

「もっといい方法はないかな？」

「どうしたら、もっと速くできるかな？」


と考えなければなりません。1回やってみて、「目的がわからない」「意味を知りたい」と思ったら、先輩にでも上司にでも聞けばいい。

「やってみたうえで感じた疑問」なら、どんどんぶつければいいのです。

◎同じことを、同じレベルで繰り返さない

それともう1つ。**次に同じことを頼まれたときには、絶対に「前回と同じレベルでやらない」**ということも肝に銘じておいてください。

人の3倍速で成長する人は、同じ仕事を、同じレベルで二度やりません。必ずどこかを改善し、創意工夫を加えます。

私も若手の頃、あるカタログのデータをエクセル（当時は、ロータス123）で入力するという仕事を頼まれたのですが、これが恐ろしい量で、3日徹夜するという、とんでもない仕事でした。

今のご時世、徹夜でデータ入力なんてあり得ませんが、当時はそんなの当たり前。地獄のような時間を過ごしました。

しかし、そんな地獄を二度も経験したりはしません。同じ量の仕事を頼まれたって、同じ地獄は絶対見ない。この意識が大事です。

私は一度目が終わった直後から、「もっとええ方法があるんちゃうか？」「同じことをまたやらされてたまるか！」と必死でエクセルの勉強をして、変換技術やら関数やらをいろいろ覚えました。

そして実際、次に同じことを頼まれたときは、持てる能力をフル稼働して、同じ量を1日で完了させたのです。

たかがエクセル入力かもしれません。しかし、どんな仕事であれ、「同じレベルで二度はやらない」のが本当に、本当に大事なのです。

入社1年目のド新人なら、言われた仕事をそのとおりにやれば合格。100点満点をあげていいでしょう。

しかし、2年目以降になって、同じレベルの仕事を二度も、三度もしているようでは全然ダメ。2回目で同じことをやっていたら50点、3回目なら0点です。

もし、あなたが昨日と同じ仕事を今日もするのだとしたら、

「どこに、どんな工夫を加え、どう良くなったのか？」
「どれだけ効率が上がったのか？」

をはっきりと意識してください。

自分に与えられた業務をただやることが、あなたの仕事なのではありません。

つねに考え、創意工夫をして、変化を生み、レベルを上げていく。

それが、あなたの「本当の仕事」です。

お客さんを「真・ん・中・」に・お・い・て・仕事をしろ！

突然ですが、私の実家は大阪で日本料理屋をやっています。自分で言うのもなんですが、けっこう高級な店で、政界、財界の大物たちがゾロゾロやってくるようなところです。

初代の祖父は天皇陛下に料理をお出ししたことがあるという逸話の持ち主で、その後を父親が継いだわけです。

父は「天才的だった祖父に比べて、自分は料理が下手でずいぶん苦労した」ということをよく言っていました。

父が祖父の下で修業をしていた頃、いくらがんばって出汁《だし》を取っても、なかなか祖父のようにうまくいかない。

それであるとき聞いてみたら、祖父は父にこんなことを言ったそうです。

「お前は誰のために料理を作っとるんや。お前は、ワシと同じレシピで、同じように作ろうと思っとる。しかしワシは違う。目の前のお客さんにおいしいもんを食べてもらおうと思って作っとんねん。そやから、ワシの方がうまいに決まっとるやろ」

その言葉を聞いて以来、父の意識は完全に変わったと言います。

どんな仕事、どんな立場でも基本は同じだと私は思います。

今、あなたがやっている仕事は本当にお客さんのためになっていますか？お客さんを真ん中において、お客さんを喜ばす仕事ができていますか？

究極を言えば、それが「仕事ができる人」です。

どんな高尚なビジネススキルを持っていても、ＭＢＡを取って立派な肩書きがあったとしても、それがお客さんのためになっていなければ、何の意味もない。

どんな些細《ささい》な業務でも、それが「お客さんの満足」にどうつながるのかを意識する——

これは、仕事人として必須のことです。

◎お客さんを喜ばせるレベルの仕事になっているか

新人や若手の頃なら、直接お客さんとかかわる機会は少なく、上司や先輩から頼まれた仕事をすることもあるでしょう。

その場合のポイントは2つあります。

1つは、仕事を頼まれたなら、その上司をお客さんだと思って「徹底的に喜ばせろ」ということです。

資料をつくるなら、見やすいものを、速く、正確に。上司が求めているものを、先回りして用意する。そんな意識で仕事をやることが重要です。

依頼主（お客さん）を喜ばせるのは、仕事の基本だからです。

ただし、絶対に誤解してほしくないのは、「上司のご機嫌とり」「ゴマすり」をしろという話ではありません。そこは混同しないでください。

経理や人事にとっては、いわば社員がお客さんで、社員たちが喜んで働けるようにするのが仕事。それと同じように、自分の直接のお客さんが「上司」であることもある——そういう話です。

そしてもう1つ。

むしろこちらが大事なのですが、どんな仕事であれ、上司から頼まれた作業であれ、それが最終的にどんなふうにお客さんを喜ばすことになるのか——そう考えて、**「つねにお客さんを真ん中におく」という思考を持っておく**ことがめちゃくちゃ大事です。

あなたがつくっている資料を上司が使い、お客さんに説明するのだとしたら、「上司に喜ばれる」だけでなく、その先の「お客さんを意識しろ」ということです。

お客さんが何を求めているかを把握し、どんな資料をつくり、どんな説明をしたら、より喜んでくれるのか。その発想が一番大事です。

営業であれ、製造であれ、商品開発であれ、すべて同じです。この世に「お客さんを喜ばせなくていい仕事」などありません。

私は26年間、経営コンサルタントの仕事を続けてきましたが、一番意識してきたことは**「その会社の社長以上に、会社のことを考える」**です。

だって、どんな社長でも、「会社が儲かること」を求めているでしょう。

そのニーズをコンサルタントとして満たすためには、社長と同等では足りない。社長以上に会社のことを考え抜き、必要なことは徹底的に調べます。

「できる人」になりたいと思うなら、とにかく「お客さんを真ん中におく」ことです。それ以上の鉄則はありません。

この意識は、どこへ行っても変わりません。いつでもどこでも、肩書き「オレ」で稼ぐために必要なマインドセットなのです。

「お客さんは何を求めているか？」をつねに考える変態になれ！

私は以前、釣具店のコンサルティングをしたことがあります。はっきり言って、釣りにはまったく興味がありませんでしたし、釣具に関する知識はゼロ。

しかし、仕事において「そのジャンルに興味があるか」なんてことは根本的な問題ではありません。

大事なのは、**「お客さんはいったい何を求めているのか」**という部分です。

これについて、私は誰よりも興味を持っている自信があります。

そこはもう、変態的なくらいです。

釣具店に来るお客さんは、いったい何を求めているのか——そのことを徹底的に、変態的に知りたいのです。

だから、私は大阪市内のあっちこっちにある人気釣具店に毎週通い、朝から夕方までハシゴして、店主をつかまえては質問をしまくりました。

「この1万円の竿と、2万円の竿は何が違うねん？」「ちょっと振らしてみて」「ブラックバスを釣りたいんやけど、どんなんがええねん？」「みんなどんなん買っていくねん？」と一般の客として聞きまくりました。

だって、素人目には「1万円の竿」も「2万円の竿」も同じに見える。それなのに、本当に釣りが好きなお客さんはその違いを求めて、1万円も高い竿を買っていく。

「いったい、その違いって何やねん？」と思いませんか？　その「お客さんが求めていること」がめちゃくちゃ知りたいわけです。

結局、ビジネスとはそういうことです。

ちなみに、私は仏壇屋のコンサルティングもしていたので、50万円と60万円の仏壇の違いについて、プロ顔負けの説明ができます。

これも結局、お客さんが何を求めていて、どんな仏壇が最適なのかを、これまた変態的に徹底的に追究した結果です。

◎つねに、「これはなぜ流行っているのか」を考える

世の中にはいろんな業界があって、いろんな種類の仕事があります。

もしかしたら、あなたが今やっている仕事は、あなたにとって「興味がないジャンル」かもしれません。

しかし、仕事のプロとしてそんなことは関係ありません。

世の中の仕事ができる人のほとんどは、「このジャンルに個人的に興味がある・ない」なんていうマインドでは生きていません。

繰り返しますが、彼ら・彼女らに共通しているのは、「お客さんはいったい何を求めているのか」という1点だけ。ここにかけては、偏執的な興味を持っているのです。

そんな変態が、結局は肩書き「オレ」で生きていくようになるのです。

たとえば街に出て、流行っているカフェと、人が入っていないカフェがあったら、私はその瞬間に「この違いって何だろう?」「カフェに来るお客さんが求めていることって何だろう?」と、ほとんど反射的に考えてしまいます。クセとして、病気として、そのスイッチが入ってしまうのです。

YouTubeを見ていても、「この人のチャンネルはおもしろいなぁ……」なんて呑気な気分では見ていられず、「どうして、この人はチャンネル登録者数が多いのだろう?」「YouTubeを見にくる人は何を求めているんだろう?」と考えてしまう。

「肩書き『オレ』で生きていきたい」と思うなら、ぜひそのクセをつけてください。

その発想と感性は、どこへ行っても必ず役に立つものだと、私が保証します。

何でも「数字」に落とし込め！

高校の頃の話です。ある日、私は遅刻をしてしまって、教室に入ると理科の授業がすでに始まっていました。当然のことながら、先生に「お前、なんで遅れたんや？」と聞かれました。

そこで私は、「いや、ちょっと熱がありまして……」と答えました。決してウソではなく、その日は本当に体調が悪くて、ちょっと熱があったんです。

すると先生は、「熱は誰でもある……」と言ってきたので、「なんや、この先生めんどくさいなぁ」と思いながらも、「37・8度です」と答えました――。

これだけ聞くとアホみたいなエピソードですが、じつはここにけっこう大事なビジネスマインドが隠れています。

たとえば、あなたが訪問営業の仕事をしていたとして、一日の活動内容を上司に報告する場合、次のどちらの報告をするでしょうか？

A　一日中訪問先を回って、けっこう断られたんですが、少しは契約が取れました。

B　今日は10件訪問して、7件は断られましたが、3件は契約が取れました。

上司の評価は明白で、絶対Bさんの方が優秀だと思われます。

まさに数字は共通言語。数字に落とし込めるものは、とにかく数字に落とし込む。これは、「仕事ができる人材」になるための鉄則です。

何でもかんでも、「数字フェチ」になることをおすすめします。

たとえば、7月に「今日は暑いですね」なんて話をすることがありますよね。

この場合、何度を超えたら「暑い」と感じるのか。それは25度なのか、30度なのか——

そこをはっきりさせておく。

先ほども、「同じことを、同じレベルで二度はやらない」という話をしましたが、たとえば、経理部の人が伝票を10枚処理するのに、昨日は何分かかっていて、今日は何分かかったのか――そのくらいの数字は、キッチリ把握しておくべきです。

だって、その数字がわからなければ、「今日、どこが、どのくらい成長したのか」「どの程度、効率的になったのか」がわからないでしょう。

自分では感覚的にわかっていたとしても、それを上司に理解してもらったり、周囲の人たちに伝えることはできません。

なぜなら、「数字」という共通言語がないからです。

◎繁盛している居酒屋のカウンターは何センチ？

これもこだわっていくと、どんどん変態になっていきます。私はある居酒屋のコンサルティングをしているとき、カウンターの奥行きが気になって測りまくったことがあります。

居酒屋のカウンターの奥行き――気にしたことはありますか？

じつは繁盛している居酒屋と、全然儲かっていない居酒屋では、カウンターの奥行きが違うんです。

私のような変態コンサルタントになると、そんなところも徹底的に調べて上げて数値化していきます。ちなみに、私の調査によると、繁盛している居酒屋のカウンターは奥行きが45センチ以上ありました（唐土調べ）。

気になった人は、ぜひあっちこっち調べてみてください。

「数字」というのはとても重要です。ただ、「繁盛している居酒屋のカウンターは広いんです」と言うコンサルタントと、「流行っている店のカウンターの奥行きは、45センチ以上なんです」と言えるコンサルタントだったら、絶対に後者が信頼されますよね。

私が経営者だったら、絶対に後者のコンサルタントと契約します。

だから、あなたもどんな仕事をするにせよ、徹底的に数字に落とし込んでください。

「うちの会社のエレベーターは7人以上が乗ると、めっちゃ窮屈に感じるんですよ」

「うちの部署は、8時前に出勤している人が4人もいるんですよ」

など、**とりあえずは何でもいいので、だまされたと思って「数字フェチ」**になってください。

数字に落とし込むことを習慣にすると、絶対に仕事ができるようになります。

逆に言えば、数字が全然出てこない人は、「現場の状況が具体的になっていない」「説得力のある話し方ができていない」と見られるのです。

入社すぐは「5対5」、3年目以降は「3対7」で社外を見ろ！

あなたは社内と社外、どっちを見て仕事をしていますか？

これもけっこう大事な視点です。

いろんな人と仕事をしていると、「この人は社内のことばっかり見て仕事をしているなぁ……」という人がときどきいます。「上司の顔色ばっかり見てる」「二言目には、社内のルール、社内のしきたり、社内の人間関係の話かよ……」というパターンです。

はっきり言って、「社内でのみ通用する」というのは、肩書き「オレ」と真逆のものですし、こういう人が肩書き「オレ」で生きていけるはずがありません。

管理部門などを除けば、そもそも仕事というのは会社の外にしかありません。

「お客さんを真ん中におく」という話もしましたが、お客さんは会社の外にしかいません。ビジネス上のライバルも、競合相手も会社の外にしかいません。

要するに、必要な要素はすべて社外にあるわけです。

社内だけを見て仕事をすることが、いかに愚かで、無意味かがわかるでしょう。

だから、とにかく社外を見ろ。これは絶対原則です。

◎社内のルールにがんじがらめになる人は「死に筋」

とはいえ、入社1、2年目までは、まだ自分で仕事をつくることができませんから、どうしても上司から仕事をもらう立場になります。このステージにいる人はある程度しかたないので、「社内5、社外5」というくらいの割合でもいいとは思います。

でも、3年目以上になったなら、最低でも「社内3、社外7」の割合で仕事をしなければなりません。

実際のところ、お客さんから要望を聞いていると「ああ、これは社内でもめるなぁ……」「社内の稟議が通らなそうだなぁ……」と感じることもあるでしょう。

そのときに、あなたはどんな仕事をするか。どんな振る舞いをするのか——ここが重要な分かれ目なのです。

もちろん、「何でもかんでもお客さんの言いなりになれ」と言っているわけではありません。そんな初歩的な誤解はしないでください。

お客さんのニーズに応えることで、競合他社に勝利したり、お客さんからの信頼を得て、最終的には会社の利益につながる。

そんな場面もいっぱいあるわけです。そのときに、上司の顔色や社内のしきたりなど吹っ飛ばして、本物の仕事ができるかどうか。そこの話をしているのです。

正直、これがなかなかむずかしいところで、つい上司の顔色をうかがったり、「社内の規定だ」「常識だ」と社内のルールで仕事をしてしまうのもわからなくはありません。

あなたの周りにもそんな社員がいるでしょう。もしかしたら、あなた自身もそんなタイプかもしれません。

しかし、本当に仕事ができる人を見てください。

私はそんな「本当に仕事ができる人」のことを「売れ筋」（ちなみに、仕事ができない人は「死に筋」）と呼んでいますが、**売れ筋の人ほど、社内のつまらないルールやしがらみに縛られず、自由に仕事をしている**ものです。

それでいて、結果として会社を儲けさせる——これこそ、本物の「儲ける力」です。

もちろん、完全に「社内は無視」というわけにはいきませんが、せめて「社内3、社外7」くらいの視点で仕事をする——そういう人が、社外に出たときに本当の価値を生み出すのです。

困ったときは助けを求めろ！

肩書き「オレ」で生きていく。

そんな威勢のいいことを言っていると、何でも自分で背負い込んで、すべて自分でやらなければいけないと思っている人がいます。

はっきり言って、それは間違い。

自分の仕事に責任を持って、きっちりこなすのはもちろん大事なこと。しかし、いろんな仕事をしていれば、「これは無理や！」「とても抱えきれん……」ということも当然あるわけです。

それを無理に背負って、肉体的にも、精神的にも壊れてしまう人がいますが、それこそ、一番もったいない話です。

本当に苦しいときは、助けてもらえばいい。

どうしようもないときは、逃げ出したっていいのです。

これは社会人の先輩として、ぜひ伝えておきたいことです。

ダメなときは、それを認めて素直に謝る――それも大事な働き方だということを、ぜひ覚えておいてください。

世の中で肩書き「オレ」で生きている人たちも、キャリアの中ではそんな経験が一度や二度は絶対あります。本当のことを言えば、三度だって、四度だってあるでしょう。

そういうとき、ダメな自分を素直に認めて、助けを求める――みんなそうやって生き抜いてきたのです。

◎何でもかんでも、一人で抱え込んでいないか？

冷静になって考えてみてください。

あなたは、「何でも一人でやったるんや！」と意地になって独りよがりになる人と、「せいいっぱいやったんですけど、無理なんです。すみませんが助けてください」と言う人のどちらを助けたいと思いますか？

たいていは後者でしょう。

ぜひあなたも、「弱みを見せられる人」になってください。

それは、「自己開示できる人」と同義なのです。

強がっている人よりも、自己開示できる人の方が、圧倒的にいろんな人と仲良くなれます。

この「仲良くなれる力」は、じつはめちゃくちゃ大事です。

「肩書き『オレ』で生きていく」というと、言葉のイメージで一匹狼のような印象を持つかもしれませんが、むしろ真逆。

組織に守られるのではなく、**自分の看板だけで生きていくというのは、それだけいろん**

な人と仲良くなって、いろんな人に助けられ、応援されて成り立っていくものです。

だからこそ、弱みをさらけ出し、自己開示して、どんどん人と仲良くなることも大事です。意外かもしれませんが、これは真実なのです。

ビビるのはOK。ただし、「何が不安なのか」は徹底的に解明しろ！

仕事をしていれば、いろんなことにビビったり、不安になったりすることもあるでしょう。それは別に悪いことではありません。

ここで大事なのは、その**「ビビりの原因」「不安の素」を徹底的に明らかにしているか、**です。

そもそも、自分は何に不安を感じているのか――そこをしっかり考えなければいけません。お金が不安なのか、健康が不安なのか。異性関係が不安なのか、髪の毛が抜けることが不安なのか。そういったことをあいまいにしていてはダメです。

不安の対象がわかったら、今度は**とにかく掘り下げて、不安を消す作業をしていきます。**

たとえば、わかりやすいところで「お金がない」という不安を抱えているとしましょう。

そのときには、「いったいいくらお金があったら不安じゃなくなるのか」「100万円なのか」「1000万円なのか」と、徹底的に、具体的に考えることが必要です。


そこもはっきりしたら、今度はそのお金をつくるために、何をするのか。

「小遣い稼ぎでバイトをするのか」「月に5000円ずつ貯金するのか」「その50000円を株に投資するのか」「月の支出を減らすのか」。

やり方はいろいろあると思いますが、これまた徹底的に考え抜くことです。


その際、**「1円単位まで考える」くらいの徹底度が重要**です。

「お金」っていうと、すごくざっくりしていますが、100円は1円が100個集まったものですから、お金について考えるなら1円単位まで徹底して考えるのが当たり前でしょう。


そうやって「何が不安で、何をするのか」を究極まで考えていけば、**心の中にあった**

「モヤモヤ」は、いつの間にか「行動」に変わっています。

何が不安で、何をすべきかが明確になれば、あとはシンプルだということです。

その作業をしないで、ただモヤモヤと不安を抱え、ビビっているだけだとしたら、はっきり言って時間の無駄です。

◎不安を行動の「原動力」にする

「この会社にずっといてもいいのかなぁ……」と不安を感じているなら、会社を出ていく準備を始めればいいだけのこと。

大事なのは、「本当に会社を出ていくこと」ではなく、「会社を出ていく準備をしておくこと」です。

もし転職するなら、どんな業界のどんな会社で、どんな仕事をするのか。その可能性がどのくらいあるのか。実際に、何をすれば希望の転職が可能なのかを、徹底的に調べたり、人に会って話を聞いたりしていれば、気がついたときには不安なんてなくなっています。

これは、基本中の基本。仕事にしたって人生にしたって同じです。

だから、**不安を感じるのは全然OK。むしろ、大歓迎です。**

でも、不安を感じたら「何が不安なのか」を明らかにして、不安を消すための作業を粛々としてください。

「行動ベース」になってしまえば、もはやそれは不安ではなくなるものです。

時給を計算して、その「3倍」は働け！

新入社員や20代の若手サラリーマンに「あなたの給料は高いですか？」と聞くと、ほとんどの人が「いやいや、安いですよ」と答えます。

「オレの給料高いです！」「私、十分もらってます！」なんて言う人は限りなく少ないでしょう。実際のところ、額面が20万円、手取りにしたら17万円なんてことは普通。金額だけを見れば、たしかに安いと感じるかもしれません。

本当にそうなんでしょうか？　ちょっとここで時給に換算してみると、

一日の労働時間が8時間、月に20日働くとして計160時間。
月の手取りが17万円だとすると、時給は約1062円。

確かに、「安っ！」となっても無理はありません。

晴れて社会人になり、正社員で働いてみたら、時給はたった1000円強。「学生時代のバイトの方が高いやん！」と思いますよね。

しかし、ここからが大事なところ。

金額をだけを見て「安っ！」と思っているようではただの凡人です。

そもそも、会社は従業員に給料を払うのに、保険その他の経費で、実際には給料の2～3倍のお金がかかるといわれています。このくらいは常識の話。

つまり、「めっちゃ安いやん！」と嘆いているあなたにも、一時間あたり2000～3000円の経費がかかっているわけです。

◎あなたは、会社にいくら儲けさせているか？

さて、ここからが本題です。

そもそもあなたは、会社で時給いくら分の働きをしているでしょうか？　もっとはっきり言えば、**「いくら会社を儲けさせている」**でしょうか？

結局、これが一番大事なんです。

そんなことを言われても、自分の働きを金額換算するのが難しい仕事をしている人もいるかもしれません。

しかし、どんな立場であれ職種であれ、**「自分の働きはいったいいくらなのか」「どれだけ会社を儲けさせているか」という視点はめちゃくちゃ重要**です。

この意識が欠落している人は、いつか、どこかで「使えない人」「不要な人材」になってしまいます。肩書き「オレ」で生きるなんて、夢のまた夢です。

なので、ざっくりでもいいので、「自分の働きはいくらなのか」をイメージしてみてください。それがもし時間あたり1000円ならば、あなたを雇っておくメリットは会社にはありません。2000円ならまあまあ。3000円以上になって初めて「必要な人材」「雇っておきたい人物」となります。

それ以上の仕事ができるようになると、今度は会社の待遇が変わってきたり、外に目を向けて、自分の活躍に見合った報酬をもらえるような働き方が見えてくる。

自分の給料明細を見て、「めっちゃ安いやん……」と嘆くのは大いにOK。むしろ、大いに嘆いてください。

でも、そこで「金額が少ない！」「これじゃあ生活が苦しい……」なんてアホみたいな理由で嘆くのではなく、「オレは時給5000円の仕事をしているのに、1000円ってありえへん」と嘆いてください。

そういう人が初めて、「ウチは給料安いです……」と胸を張って言えるのです。

これこそ、「肩書き『オレ』で生きていく人」の基本的な考え方です。

反対に、たいした仕事もしてないのに、それ以上の給料をもらって「うれしい！」「おいしい！」と思っている人は要注意。

その状態は、「おいしい」どころか「超危険」です。

会社から見れば、あなたはすぐにでも辞めさせたい人材そのもの。会社はそのチャンスをうかがっているということを忘れないでください。

肩書き「オレ」で生きていくためのチェックリスト1

□ 前回よりも良いやり方でやろうとしているか？

□ 「この仕事は、本当にお客さんのためになっているか」と考えているか？

□ つねに、「なぜこれは売れているのか」を考えているか？

□ 「けっこう」など曖昧な言葉を使わず、数字で語っているか？

□ 社内の常識や上司の顔色ばかり優先していないか？

□ すべてのことを、一人で抱え込んでいないか？

□ 不安を感じたら、その原因を探そうとしているか？

□ 自分の時給を把握し、それ以上の成果を上げようとしているか？

第2章【行動力】

とにかく、行動に移せ!

仕事は早く終わらせろ！

仕事ができる人とはどんな人でしょうか。

若い頃、特に新人時代なら、この定義ははっきりしています。

それは、「仕事が速い人」です。

シンプルにいえば、仕事の評価軸には「時間」と「品質」の2つがあります。それでいうと、仕事ができる人とは、

・仕事が速い人
・仕事の品質が高い人

ということになります。これは絶対的な真理です。

ただ、「仕事の品質」と言われても、正直よくわからないでしょう。新人や若い頃に「クオリティの高い仕事をしろ!」なんて言われても、何をどうがんばればいいかわかりませんよね。

だからこそ、まず徹底的にスピードにこだわる。完璧に時間で勝負するのです。

ビジネス書でも、よく「緊急度と重要度」なんて話が出てきて、「緊急度の高い仕事にとらわれるな!」「もっと重要度の高い仕事をしろ!」というメッセージが躍っています。

もちろん、それも大事です。でもそれは、もう少しキャリアを積んだ先の話。

キャリア3年という軸で考えるなら、まず徹底的にこだわるべきはスピードです。緊急度の高い仕事を、誰よりも早く着手して、誰よりも短い時間で終える――これに尽きます。

これができる人こそ、「仕事ができる人」と私は言い切ります。

だから日々考えることは、とにかく**「どうしたら、もっと速くできるだろう?」「何を変えれば、もっと効率的になるだろう?」**。

そうやって時間が余れば、別の仕事や好きなこともできます。

しつこいですが、とにかくスピード。この意識を持ってください。

◎「仕事が速い」ことの価値、急上昇中！

最近は「働き方改革」があちこちで叫ばれ、仕事の効率化、生産性アップをどの会社も目指しています。

つまり、**「仕事が速い」「時間短縮できる」ことの価値は、さらに上がっている**わけです。

人が5時間でやる仕事を3時間で終えて、残りの2時間をどう使うか。それはあなたの自由です。

会社は宝の山なので、可能なら**「自分より上の立場の人がやっている仕事」「自分とは違う部署の人がやっている仕事」を学んでみるのもおすすめ**です。

そもそも、この本を読んでいるあなたは、3年後には肩書き「オレ」で生きていく人です。そんな人が、与えられた仕事だけに向き合っているようでは全然足りません。

上司の仕事、他部署の仕事にもどんどん触れて、自分を高速でアップデートさせてください。

会社の仕組み上、それが難しいとしたら、ひたすら自分を成長させる時間に充てる。

一番いいのは、会社を出て本屋へ行くことです。

事実、私は誰よりも仕事を早く終わらせて、時間が空いたらすぐに本屋へ行っていました。

会社の制度や立場によってそれも難しい人でも、今はネットに何でも情報があるので、そこから学びまくるのもいいでしょう。じつに便利な世の中です。

その気になれば、自分のアップデートなんてどこでもできるのです。

しかしそれができるのも、すべて「仕事を早く終わらせる」から。

仕事を早く終わらせ、余った時間でどんどん自分をアップデートさせる――そんな働き方をしていれば、仕事の品質は必ず後からついてきます。

行動しないことが、「一番の失敗」だ！

講演やセミナーで、よく「どうしたら、唐土さんのように行動できるようになりますか？」という質問を受けます。

正直言って、私にはこの質問の意味がよくわかりません。

私にしてみれば、「どうして、そんなに行動できないんですか？」と逆に聞きたいくらい。

だって、考えてみてください。

「これをやれば絶対成功する！」「１００％うまくいく」ということがわかっていれば、誰でも安心して行動するでしょう。つまり、ほとんどの人が「失敗するのが怖い」「やったとしても、うまくいくかどうかわからない」から、なかなか行動できないわけです。

そこで、もう少しだけ考えてみてほしいのですが、そもそも失敗って何でしょうか。

営業の仕事をしている人が、相手にプレゼンをして契約が取れなければ、それは失敗ですか？

企画の仕事をしている人が、自分の企画が会議で却下されたら、それは失敗ですか？

いやいや、そんなものは全然、失敗ではありません。


私が思うに、失敗というのは2つしかありません。

それはまず、**「行動しないこと」。これは完全に失敗です。**

営業の人がプレゼンをしなければ、そりゃあ失敗。企画を立てて、企画会議に持っていかなければ、当然それも失敗です。

どんなものでも行動しなければ、結果も何もありません。まぎれもない失敗です。

そしてもう1つ。

「うまくいかなかったとき、その理由を分析しない」。これも間違いなく失敗です。

お客さんから契約を取れなかったとき、会議で企画が通らなかったとき、「どうしてうまくいかなかったんだろう?」「何が悪かったんだろう」「次はこうしてみよう」という分析、改善がなければ、それは失敗です。

① 行動しない

② うまくいかなかったとき、理由を分析しない

結局、それ以外に失敗なんてないのです。

行動してみて、一度目はうまくいかなかった。それでいろいろ考えて、工夫して、試行錯誤して、二度目にうまくいった。

いやいや、二度目もうまくいかなかったけど、死ぬほど考えて、改良に改良を重ねて三度目にはうまくいった。

これって失敗ですか?

とんでもない、**これこそ貴重なコンテンツ。むしろ宝物なのです。**

◎うまくいかない状況こそ、成功のチャンス！

世の中、同じような「うまくいかないこと」に悩んでいる人は何百万人もいます。

つまり、**「うまくいかなかった」という状況から「うまくいく方法」を生み出したというのは、とんでもなく価値の高いコンテンツなのです**（くわしくは、第4章でお話しします）。

最初から「なんとなくうまくいった」なんてものより、よっぽど価値があります。

行動して、うまくいかなかったときの分析を続けている限り、失敗なんてありません。

より良質なコンテンツに近づいているだけです。短期的な「結果」だけを見ているから、失敗を恐れて、どんどん行動できなくなってしまうのです。

大事なのは、「結果ベース」ではなく、「行動ベース」で考えること。

もちろん結果も大事なので、頭から煙が出るくらい考え抜かなければなりません。でも、その前提となるのは間違いなく行動です。

この発想を持っていると、**うまくいかないことを恐れるどころか、おもしろがれるようになってきます。**

うまくいかなかったことは笑い話にもできるし、うまくいかなかったことで、次に成功するための課題が見えるわけなので、本来めちゃくちゃおもしろいコンテンツなのです。

余談ながら、樹木希林さんは内田裕也さんとの結婚も、どんな体験も「おもしろがって生きている」と言っていました。これこそ、人生を楽しむ神髄。「うまくいかないこと」をおもしろがれるようになった人は本当に強いのです。

まして仕事なんてものは、**「うまくいかないこと」を体験すればするほど、価値あるコンテンツを生み出し、より大きな成功に近づいていく**のですから、これほどワクワクする話はありません。

100分考えるのではなく、「1分」考えて行動しろ！

新人の最大の特権は、「失敗したって別にええやん」ということです。

新人や若い人ほど、「失敗したくない……」「自分ができない人間だと思われたくない……」と考えますが、じつはその発想って完全に逆。

社会人を10年もやっていれば誰でも同じだと思うのですが、そもそも新人に「仕事をうまくやれ！」「絶対成功させろ！」なんて思っている人はいません。

じゃあ、どう思っているのか？

そんなもん、決まっています。**新人なんだから、失敗して当たり前。ダメでもともと**

――そう思っているんです。まず、そこを理解してください。

でも、これってめちゃくちゃありがたい特権だと思いませんか？　最初から「ダメでもともと」と思ってくれているんだから、何でもやってみればいい。じっくり考える必要なんてありません。

若い頃から私がつねに思っているのは、「100分考えるのではなく、1分考えて行動しろ」です。

そもそも私のモットーは、「人生の目的は経験値を高めること」。うまくいこうがダメだろうが、成功しようが失敗しようが、**経験値を高めることにこそ最大の価値があります。**

まして新人は、「失敗したっていい」というお墨つきをもらっているのですから、この特権を最大限に生かして、とにかく行動する――これをやらない手はありません。

結果として、これが一番成長しますし、肩書き「オレ」で生きていくための最大の近道なのです。

◎うまくいかなかったら、謝ればいい

では、うまくいかなかったときにどうするか？

決まってるでしょう。謝るんです。

めちゃくちゃシンプルな話ですが、これ基本です。

上司や先輩、会社に迷惑かけたときはどうするか？

謝るんです。これしかありません。

こんなアホみたいな法則が完璧に通用するのも新人・若手のいいところ。最高の特権です。

私もこんな性格ですから、若いころは「あいつは生意気だ」と先輩にさんざん言われて、正直、迷惑もたくさんかけました。

私は26年、船井総研というコンサルティング会社に勤めていました。あるとき、会長の船井幸雄さんが、「最近は、僕に質問する人が減ってきた。今日は会長室を開けておくか

ら、質問があったら誰でもいいから来なさい」と言ったことがありました。

そこで、超若手の、船井会長にはもちろん名前も顔も知られてない時代の私は、意気揚々と会長室を訪れました。

だって、会長自身が「誰でもいいから来い」と言ったのですから。

エレベーターで会長室のあるフロアに上がってみると、会長室のドアは閉まっていました。「なんや、閉まってるやん！」と思ったのですが、そんなことにはひるまずノックをして、秘書の人に話をすると、船井会長が現れました。

当然、会長は「きみ、誰や。1年生か？　2年生か？」みたいな対応になるのですが、私はかまわず、「唐土です！」と元気にあいさつをしました。

「それで、ワシになんか質問があるんか？」と会長が言ったので、「じつは僕、先輩たちに『生意気や、生意気や』と言われていつも怒られるんですけど、どうしたらいいでしょうか？」と尋ねました。

すると会長は、「そんなもん簡単や。『生意気や』と言われたら、謝ればいい」と言ったのです。

なんてシンプルな教え。

でも、私はその言葉がスッと腹に落ちて、それからは意識して謝ることにしました。「生意気や」と言われたら、「生意気なこと言ってすみません」「申し訳ございません」って謝る——そうすることにしたわけです。

余談ながら、この思いは今でも私の心の中にあって、講演でもセミナーでも、「なんか不快なこと言ってしまうかもしれませんけど、そのときはすみません」と謝るんです。

私はけっこう毒も吐きますし、辛辣《しんらつ》なことも言いますけど、そうやって謝っておけば、クレームなんて、まず起こりません。

うまくいかないことがあったら、謝ればいい。
相手を不快にさせてしまったら、謝ればいい。

じつに単純明快な話ですが、船井会長はとんでもなく価値あることを私に教えてくれたのです。

コピーを頼まれたら、必ず中身を見ろ！

私が新人の頃、いつも意識してやっていたことがあります。

それは、先輩にコピーを頼まれたら、必ず中身を見るということ（人に頼むということは、たぶん見られてもいい資料なので）。

会議の準備にしろ、クライアントのところへ何かしらのプレゼンに行くにしろ、新人時代にはいろいろコピーを頼まれます。ペーパーレス時代とはいえ、実際にプリントアウトして、コピーする場面はまだまだあるでしょう。

そのときに、「ただ雑務を頼まれた」と思うか。

それとも、「先輩はどんな資料をつくってるのかな？」「今日はどんな会議が行われるのかな？」と思うか。この二者では、それこそ雲泥の差がつきます。

仕事ができる人は、よく**「一つ上の目線で仕事をする」**なんていうでしょう。

それがもっとも現実的かつ簡単にできるのが、頼まれたコピーの中身を見ることです。

その気さえあれば、会社というのは宝の山。

先輩がつくったプレゼン用の資料を見ていれば、「なるほど、こんなふうに説明しているのか」と学べる部分がたくさんありますし、反対に「なんやこの資料は！　全然わかりにくいやんけ！」と思うことだってあるかもしれません。

そのときに、「オレやったら絶対こうする」「ここをもっと、こんなふうに変えたほうがええんちゃうか」なんてことも考えるわけです。

単純な話ですが、これが**人の3倍のスピードで成長するコツ**です。

頼まれた数だけコピーを取って、きれいに揃えて「はい、できました！」なんて言っているうちは全然ダメ。

組織にしがみついて、運がよければ、なんとかやっていけるかもしれませんが、「肩書き『オレ』で生きていく」なんて夢のまた夢です。

◎時間に余裕がないと、成長もできない

余談ながら、**結局ここでも大事になってくるのが「時間に余裕がある」ということです。**

だって先輩にコピーを頼まれたとき、自分の仕事でいっぱいいっぱいで、時間に追われまくっていたら、「資料の中身を読もう」なんてことはできないですよね。頼まれた分のコピーを取って、はい終わりです。

じつは、その状況自体が一番まずい。**時間的余裕がないことで、成長のチャンスを失っているの**ですから。

せっかく日々、「宝の山」の中で仕事をしているのに、その宝をみすみす捨ててしまうことになるのです。

だからこそ、仕事は早く終わらせる。

日々工夫して、とにかくスピードを上げる。

その結果として生まれた「余剰の時間」こそ、人と大きな差をつける最大のポイントなのです。

チャンスがあったら、とりあえず手を挙げろ！

以前、仏壇屋のコンサルティングをしたことがあるという話はすでにしましたが、じつはこれ、私の社会人1年目の出来事なんです。

ある日、チームの会議をしているとき、上司が「仏壇業界をコンサルしたいと思っているヤツはいないか？」とメンバーに言ったことがありました。

後で聞いた話ですが、上司の思惑では私より5年先輩のAさんに向かって話をしていたらしく、「Aさんが手を挙げて、その話が決まる」という筋書きができていたそうです。

ところが、血気盛んなアホ1年生の私が、何も考えずに「はい、僕やりたいです！」と言ったもんだから、上司もしかたなく僕に任せてくれた、という顚末《てんまつ》……。

じつを言うと、そんなことはしょっちゅうありました。ド新人の頃、クライアントを前に30分の講演をするという話が出たとき、何の知識も経験もないまま、「僕にやらせてくれませんか」と先輩に頼み込んで、実際にやったという話もあります。

その講演は、今思い出しても恥ずかしくなるくらいひどい出来で、準備も十分でなかったせいか、お客さんの前に立ったら頭真っ白。

見かねた先輩が、「唐土さん、あの話でしたよね？」なんて助け船を出してくれて、ギリギリなんとか形になったという散々な有様でした……。

そりゃあド新人ですから、何をやっても、反省点は山のようにあります。

でも今思い返してみても、あそこで「手を挙げることができた自分」を一番ほめてやりたいと思います。

そこで**「手を挙げられる人」と「挙げられない人」とでは、その先の人生で取り返しがつかないくらい圧倒的な差がつきます。**

だからこそ、**結果はどうであれ、とにかく手を挙げる。**

結局、そんな人が人の3倍速で成長し、肩書き「オレ」で生きていけるようになるのです。

経験することが人生の目的ですから、何でも経験した方がいい。成功とか失敗とか、そんなことは度外視で、たくさん経験した人の勝ちなんです。

まして、新人や若手の頃は、大成功なんてそもそも期待されていませんから、とりあえず「オレにやらせてください！」と言っておけばいい。

言うだけ言ってみて、どうしても無理だと思われたら、先輩や上司だって「お前にはまだ無理だ」って言うでしょう。

でも、**自分から手を挙げなければ、絶対にその機会は訪れません。**

人生の最大目的である「経験」を得られるチャンスは永遠にゼロ——こんなもったいない話はないでしょう。

◎自分から手を挙げるだけで評価される

それともう1つ。自分が上司や先輩になったつもりで考えてみてください。

「これ、やりたいヤツいるか？」と尋ねたとき、シラーッと黙っている後輩と、何の知識も経験もないくせに「私にやらせてください！」と言ってくる後輩。

あなたはどっちを応援しますか？　どっちに見込みがあると思いますか？

答えは明白です。

さらに言えば、上司として「今度大きなプロジェクトがあって、若手を一人加えよう」なんて場面のとき、どっちの部下の顔が浮かぶでしょうか？

「自分から積極的に手を挙げる」というのは、結果うんぬんを抜きにして、その行為そのものが評価されることです。

こんなにわかりやすく、価値ある行動を取らない理由など考えられません。

チャンスがあれば、自分から手を挙げる——じつは、ここがもっとも差がつく部分なのかもしれません。

1年間は「黙って潜伏」せよ！

私が新人の頃、意外に意識していたのは、「とにかく、1年間は黙って潜伏しておこう」ということです。

簡単に言うと、**自分の思うことだけをズバズバ言わない。**

先輩に何か言われたら、とにかくそのとおりにやってみる。「やってみて考える」は私のモットーですから、当然その後で考えはします。

すると、「ここは何か違うんじゃないかな？」とか、「これ、絶対こうやった方がええわ」と思うことが出てくるわけです。

それがもし自分に任された仕事だとしたら、当然修正します。日々改善し、作業のスピードを上げていくのが仕事ですから、どんどん修正していきます。

ただここで難しいのが、先輩や会社のやり方に問題を感じ、意見を言いたくなるような場面です。

こんなとき、ベースの考え方として「とりあえず1年間は黙って潜伏」。これを実践していました。

まず、新人には圧倒的に経験が不足しています。「これ、おかしいんとちゃうかな?」と思うことでも、その会社で続けているからには相応の理由があるのかもしれません。あるいは、その理由を理解するための経験と知識が決定的に不足しているだけかもしれない。

だから、**とりあえず1年間は黙っていろんなものを見て、体験する時間にします。**

ビジネスのフェーズでいうなら、「仕入れ」の段階。**自分というコンテンツをピカピカに磨き上げていくには、何よりもまず「仕入れ」「インプット」が必要です。**

急いでアウトプットするのではなく、まずはじっくり仕入れをする。若手の頃は、特に「方法論」「やり方」をたくさん仕入れることが重要です。

◎語るなら、「精神論」よりも「方法論」を

そもそも、仕事には「方法論」と「精神論」、言い換えるなら「やり方」と「あり方」というものがあります。

当然、「自分で稼ぐ力」の中にも「やり方」と「あり方」という要素があり、この先、肩書き「オレ」で生きていくためには、その両方がブラッシュアップされなければなりません。

ただし若手時代には、**「精神論」「あり方」よりも、とにかく「方法論」「やり方」にウエイトをおくべきです。**

上司や先輩を見ながら、自分で考え、工夫して、とにかく仕事の「やり方」を覚える。そのやり方にさらに磨きをかけて、より早く、より質の高いものにしていく——そんな「方法論」を磨きまくる段階です。

間違っても、「精神論」や「あり方」についてあれこれ言わないことです。

先輩や上司と飲みに行けば、きっと先輩たちは精神論についていろいろ語ってくれるでしょう。それを聞きながら、「ちょっと違うんじゃないかな」「それはちょっと意識が低いでしょ！」なんて思うこともある。

この本を読んでいれば、なおさら「いやいや先輩、もっとお客さんを真ん中において仕事をしましょうよ！」「人生は経験でしょ」なんて言いたくなることもあるでしょう。

でも、言わない。

若手時代に「精神論」や「あり方」を語ってもろくなことはありません。実際、私も20代では特に意識して「精神論」を語らないようにしていました。

どんな人にも「言う権利」はありますが、「言う価値」があるかどうかは別の話。その意識を忘れないでください（我ながら、かなり納得）。

経験を無駄にするな！

人生の目的は経験することにある。

これは私のモットーですが、「肩書き『オレ』で生きていく」ために、もう1つとても大事な哲学があります。

それは、「とにかく経験を無駄にしない」です（くわしくは、第4章でもお話しします）。

「一流の人はメモ魔」という話を聞いたことがありませんか？　私が出会った方々を見ても、やっぱり一流の人にメモ魔はたくさんいます。

では、そもそもなぜメモするのだと思いますか？

大事なことを忘れないため？

確かにそのとおり。では、どうして大事なことを忘れたくないのでしょうか？

答えはシンプル。

経験を無駄にしたくないからです。

一流の人たちほど、その意識がめちゃくちゃ高いのです。

たとえば、時間とお金を使ってセミナーに参加するとします。そこで学んだことをメモしなかったばっかりに忘れてしまったら、その経験そのものが無駄になってしまいます。

人から話を聞く場面でも、本を読んでいるときでも、仕事で何かに気づいたときでも、すべて同じです。

メモをしないで忘れてしまったら、その経験自体が無駄になる――そうならないためにメモするのです。

私に言わせれば、本を読んだり、テレビを観たりしているときに、「おお、いいこと言ってるな」と思っているのに、それをメモしないなんて、その方が信じられません。「おいおい、どんだけ無駄にしてんねん！」というところです。

無駄をするくらいなら、本なんか読まないで、カラオケでも行って騒いでいたほうがマシやと、本気で思います。メモをしないのは、そのくらい愚かな行為なのです。

◎経験を生かさないのは「悪」

同じように、経験を無駄にしている場面はたくさんあります。

第1章でも**「同じ仕事を、同じレベルで二度はするな」**という話をしましたが、そもそもこれも「経験を無駄にしない」という哲学に即したものです。

一度経験している仕事なのに、二度目も同じレベルでやるなんて、一度目の経験がまったく生かされてない。つまり「無駄」です。

こんなもったいないことにならないように、一度目の経験を生かし、二度目はいろいろ工夫するのです。

あるいは、こんなケースはどうでしょう。

自分が部下のとき、上司から嫌な目にあわされたとします。最近は暴力や暴言ということはさすがに少ないでしょうが、指示の仕方、評価の仕方、コミュニケーションの取り方などで、上司から嫌な目にあわされることもあるでしょう。

そんな体験をしているのに、いざ自分が上司になると似たようなことをやって部下を苦しめている人がいる――これこそ、いろんな意味でサイアクです。

なかでも、「経験が完全に無駄になっている」のが一番残念……。自分が部下時代に嫌な思いをしたなら、「その経験を生かさんかい！」って話です。

そうやって細かく振り返ってみると、せっかくの経験が無駄になっている場面がたくさんあるでしょう。

「日々積み重なっていく経験」を無駄にしないようにするだけで、成長のスピードは決定的に違ってきます。

経験を無駄にしない――この意識を持つだけでも、仕事の質、ひいては「あなたの価値」が格段に上がっていくのです。

モチベーションぐらい、自分で上げろ！

仕事のモチベーションが上がらない――。

そんなことを嘆いている人は、はっきり言って、肩書き「オレ」で生きていくことなどできません。

私に言わせれば、「モチベーションくらい、自分で上げろ」。基本中の基本です。

自分のモチベーションを「誰かに上げてもらおう」なんて考え自体が甘すぎです。

私が会社に勤めていた頃、部下のなかにも「いろいろあって、モチベーション落ちてるんです……」なんて言う人がたしかにいました。そんなとき私は、「それなら、落ちるとこまで落ち続けたらええがな。そんなん、オレ知らんし」と言っていました。

もちろん、こんなひどい言い方ができるのは、その部下との人間関係あっての話ですが、基本的な思いはこれです。

どうして周りの人間がその人のモチベーションを上げてあげなければいけないんですか？　そんなん、自分の問題でしょう。

なかには、「部下のモチベーションを上げてあげるのも上司の仕事」なんて言う人もいるでしょうが、少なくとも、そんなふうに他人にモチベーションを上げてもらわなければならないような人が、肩書き「オレ」で生きていくことなど不可能です。

そりゃあ、仕事の中にはおもしろいものもあれば、「なんで、これをオレがやらなあかんねん！」と思うようなつまらない仕事もあるでしょう。

でも、「つまらない仕事だから……」「興味がわかないから……」という理由でいちいちモチベーションを落とし、ダラダラ仕事をするなんて、凡人がやることです。

本章でもすでにお話ししましたが、**本当につまらない雑務を頼まれたのなら、それを1分でも、1秒でも早く終わらせるよう工夫し、全力を尽くしてください。**

それがプロというものです。

自分にとって「興味のないジャンル」の仕事を任された場合でも、すべては考え方次第。実際、釣りにまったく興味のない私でも、「お客さんは何を求めているのか？」というところにはめちゃくちゃ興味があって、その思いで仕事に邁進《まいしん》しました。

私にとって、ジャンル自体は釣りだろうが、料理だろうが関係ありません。

そもそも、「なぜ、仕事がつまらないか」を考えてみたことがありますか？

結局、これって「やらされ感」の問題です。**自分からやる仕事ではなく、「やらされてる仕事」だからつまらない。**これが「仕事がつまらない」の正体です。

「コピーを頼まれる」というのは、たしかに「やらされてる仕事」。ここで止まっている人は、一生仕事がつまらない人です。

でも、**「1秒でも早く終わらせる」というのは、自分から主体的にやる仕事。**このチェンジができるかどうかで、仕事のおもしろさが変わります。

「自分からやる仕事」「主体性・当事者意識を持った働き方」ができるかどうか――これ

がすべての分かれ目と言ってもいい。

仕事ができる人は、そうやって「自分ごと」にできるからこそ、自分でおもしろさを見つけ、自分でモチベーションを高められるのです。

◎

それでも、気分が盛り上がってこない日の対処法

とはいえ、日によっては「いまいち乗り気がしないなぁ……」「気分が盛り上がってこない」という日もあるでしょう。人間誰だって、そんな日はあります。

そんなとき私は、「今日の昼メシは何を食べようかなぁ?」なんてことを朝イチから考えていました。「あそこの天ぷらでも食うか」「いや、奮発して寿司でもいっちゃうか!」なんて考えて、それで「あのランチを食べるためにがんばろっ!」と無理矢理スイッチを入れて、なんとか午前中を乗り切っていました。

アホみたいな話ですが、正直それでいいんです。いや、むしろそれが大事なんだと思います。

どんな日でも、どんな状況でも、無理矢理にでも、自分でモチベーションを上げられるシステムをつくっておく――それこそが大事なのです。

散歩へ行くでもいいし、音楽を聴くでも、何かしらの動画を見るでも、何でもかまいません。

自分のモチベーションを上げる方法を知っておく――意外と大事な仕事術です。

「15分ノート」で、昨日の仕事を振り返れ！

朝、会社へ行ってみたら、「今日はいまいち気分が乗らないなぁ……」なんて日も正直あります。私だって、毎日スーパーマンになれるわけではないのです。

そんなとき、私が意識的にやっていたのが「15分ノート」。

朝の15分間、昨日の仕事を振り返って、気づいたことをつらつらとノートに書いていくのです。

気分が乗らない日にやっていたのは事実ですが、本当のことを言うと、「気分が乗らない」なんてことは関係なく、毎日やってもいいくらいの素晴らしい習慣です。

昨日の仕事を振り返って、「ここはうまくいったな」とか「ここはもう少し改善できる」

と振り返ってみると、**自分の仕事を客観的に見つめ直すことができますし、さまざまな改善点、工夫も浮かび上がってきます。**

それをただぼんやり考えるのではなく、走り書きでもなんでもいいから、ノートにつけていく――これが「15分ノート」です。

◎会社に着いたら、まず「15分ノート」を開く

そもそも、仕事というのは「取りかかり」に一番エネルギーがいるものです。

会社へ行く前は「ああ、かったるいな」と思っていても、いざ会社に着いてみれば、普通に仕事をして、なんなら「今日は快調だったな」なんてこともあるでしょう。

要するに、「取りかかり」が一番ネックになっているのです。

そんなときに「15分ノート」は本当におすすめです。

人間、新しい仕事に取りかかるのはハードルが高くて、けっこうつらいものです。でも、

昨日の仕事を振り返るのは、なんとなく惰性でも始められます。

そうやって「昨日のこと」を振り返っているうちに、だんだんと仕事モードに入ってきて、自然と「今日の仕事」へと入っていけます。

これは「モチベーションマネジメント」ということもできますし、イチローがやっていたような「ルーティン」という意味合いもあります。

誰でも簡単に始められるので、ぜひやってみてください。

肩書き「オレ」で生きていくためのチェックリスト2

□ つねに、「どうすればスピードを上げられるか」と考えているか？

□ うまくいかなかったら、自分なりに原因を分析しているか？

□ 誰かに迷惑をかけてしまったら、きちんと謝っているか？

□ 雑用を頼まれても、そこから何かを学ぼうとしているか？

□ 知識がなくても、自分からやりたいと手を挙げているか？

□ 精神論を語ったり、批判ばかりしていないか？

□ 日々、感じたことや学んだことをメモしているか？

□ 「やらされ感」を持たず、つねに主体的に仕事をしているか？

□ 仕事の取りかかりをスムーズにするルーティンを持っているか？

第3章【自頭力】

自分の頭で考えろ!

「もしもシリーズ」で、一つ上の視点を持て

「肩書き『オレ』で生きていく人」に共通しているのは、**つねに当事者意識を持っている**ということです。

たとえば、ド新人の頃に先輩に連れられて営業へ行くとします。先輩から、「先方は3人来るから、この資料を3部コピーしておいて」なんて言われるわけです。

このとき、「自分の分」もコピーするのは基本中の基本。これをやらない人はスタート地点に立つことすらできません。

そして、資料を読み込んでおく。これも当たり前ですね。

こっちはド新人ですから、説明やプレゼンをさせられる可能性はゼロ。それどころか、

相手にあいさつして名刺交換をしたら、その後は一言もしゃべらない可能性の方が高いわけです。だから、資料なんて読んでも読まなくても、別に支障はありません。

しかし、こういうときに「当事者意識が持てるかどうか」で、その後の仕事人生は天と地ほど違ってきます。

ここで大事なのが、**「もしもシリーズ」**。**「もしも自分が先輩だったら、どんな説明をするだろうか」と考える**のです。もっと言えば、資料を読んでいる段階で、「もし自分が先輩だったら、こんな資料をつくるけどなぁ」という思いが浮かんでいなければいけません。

「もし自分が〇〇だったら……」――そんなふうに当事者意識を持ち出したら、もう思考は止まらなくなります。

現実には、先輩に連れられて金魚のフンみたいについていくわけですが、頭の中は「もしもシリーズ」でいっぱいです。

先輩が取引先に説明している途中でも、「オレだったら、こうするけどな……」「なんで先輩は、あんな言い方をするんだろう……」という考えが止まりません。

先方から質問されたときも、**「オレだったらこう答える」「こう説明する」ということを、同時進行で一緒に考えまくる**わけです。

◎経験がなくても、「自分ならこうする」と考える

そりゃあド新人ですから、こっちが考えることなんてたいしたことではないかもしれません。経験が少ないのですから、それはしかたないことです。

しかし、どんな新人であれ、どんなに経験や知識がない段階でも、つねに当事者意識を持って、「もし自分がその立場ならどうするか」を考え続ける。

そして、つねに「自分ならこうする」「自分ならこう言う」という持論を持っておく――これがめちゃくちゃ重要なのです。

明日から、いや今日から、とにかく休まずやってください。

普段、仕事をするときでも、「もし自分が課長だったら、どんなことをするのか」「どん

なことを言うのか」「何を考えて、どんな指示を出すのか」「どんな意思決定をするのか」をとにかく考えまくってください。

課長で物足りない人は、**「自分が社長だったら……」「経営者だったら……」と、どんどん上の目線で考えてください。**

これからの時代、「会社や上司の言うとおりにしておけばいい」なんて仕事のやり方は絶対に通用しなくなります。

会社や上司だって、いつ、どこで消滅してしまうかはわかりませんし、「昨日まではこうやっていればOKだった」というノウハウや方法論など、あっという間に陳腐化して通用しなくなるような時代を迎えます。

そんな時代に一番大事になるのが、**「で、お前はどう思うねん?」「で、お前はどうすんねん?」**ということです。

つねに、その答えを持っていなければなりません。自分の頭で考えない人は、いつかどこかで行き詰まってしまいます。

むやみに「持論」を振りかざすな！

前の項目で「つねに持論を持っておけ！」という話をしました。

ただ誤解しないでほしいのは、「持論」を持つのと、それを言うのはまったく別の話だということです。

新人、若手の頃は、「1年間は潜伏する」が基本（第2章でも言いました）。なんでもかんでも、「自分はこう思うんです」「それ、おかしいと思うんです」と言いまくって、結果、上司や先輩から嫌われたらただのアホでしょう。

「肩書き『オレ』で生きていく」なんて言うと、言葉のイメージから「生意気放題！」「言いたい放題」のキャラをイメージしがちですが、むしろ正反対。

肩書き「オレ」で生きていける人は、どんな人とでも柔軟に関係性を築けるコミュニケーション能力に長けていたり、自分という存在の「出し引き」が非常に巧みな人たちです。そこは絶対に勘違いしないでください。

持論を持つことは大事。

でも、それをどう表現するかは慎重にならなければいけません。

◎「なぜそのやり方なのか」を聞いてみる

ここでぜひやってほしいのが、**「自分のやり方との違いについて質問する」**という巧みなコミュニケーションです。

世の中、上司や先輩と呼ばれる人たちは、「質問されるのが大好き」です。特に若手を相手にしたら、「わからないことがあったら、何でも質問しろ」という人は多いでしょう。

そこで何を質問するか？

たとえば、先輩と営業同行しているとき、「自分ならこうする」「私ならこう言う」という持論がめちゃくちゃ浮かんでいるでしょう。

つまり、「先輩のやり方」と「自分のやり方」に違いが生じているわけです。

そこで、**「先輩は、どうしてあの言い方をしたんですか?」「なぜ、このやり方をしたんでしょうか?」**と「違いの部分」について質問するのです。

たいてい、「売れ筋の先輩」なら、必ずそのやり方を選んだ明確な理由がありますし、説得力のある説明をしてくれます。

それで納得できれば、もちろんそれでOKですし、どうしても自分のやり方について話してみたいと思うときは、「自分なりに、こんな言い方をしてみてもいいかなと思ったんですが、先輩はどう思いますか?」と聞いてみればいいのです。

そうやって上司や先輩の意見を聞けるのは、じつに貴重な体験です。

一方で、自分が投げかけた質問に対してロクな答えが返ってこない場合も当然あります。

私の経験上、「死に筋の先輩」というのはそこまで深く考えていないので、こっちが質問しても「ずっとそうやってきたから」「この方法が一番ええやろ！」くらいの話で、何の説得力もない返答をされたりします。

そんなときは「そうですか。ありがとうございます！」と口では言っておいて、「なんや、何も考えてへんのか」と思っておけばいいのです。

くどいようですが、そのコミュニケーションのもとには、つねに当事者意識があります。これなくして、人の3倍のスピードで成長することはありません。

しかし、**むやみに持論は振りかざさない**――これがコツです。

何でもすぐに納得するな！とにかく疑問を持ちまくれ！

「売れ筋」「死に筋」の先輩を見分ける方法

今のご時世、何でもすぐに納得し、受け入れる人はダメです。

たとえば、働き方改革が進められて、法整備も行われて、どんな会社でもその流れに乗っていくわけですが、「まあ、そういう時代だよねぇ～」「ウチの会社も残業が厳しくなったよ～」なんて呑気に受け止めているだけではNGということです。

・そもそも、「働き方改革」って何なの？
・誰のための改革なの？
・何を目指しているの？

・うちの会社はどっちを向いて、何をしようとしているの？

そんなことに、いちいち疑問を持つ。

働き方改革に限らず、自分が日々行っている仕事についても、疑問を持とうと思えば、いくらでもそのポイントはあるはずです。

・この報告書は誰のためにあるんだろう？　なくてもいいのでは？
・定例の会議は何のため？　もっといい方法があるのでは？
・上司はこう言っているけど、それってどうしてなの？

と、とにかく疑問を持つ。このスタンスがめちゃくちゃ大事です。

◎知らないうちに、「思考停止」に陥っていないか

今という時代、「これまでのやり方を続けていれば、この先も安泰」なんてことはあり

得ません。どんな業界でも、どんな会社でも、どんな立場の人間でも、イノベーションを求められる局面が増えていくでしょう。

そんなとき、もっとも役に立たないのが、「言われたことをそのまま受け止めてきた人」。すなわち、思考停止で生きてきた人です。

まずは、疑問を持つ。繰り返しますが、疑問がわいたら、ぜひいろんな先輩に同じ質問を投げかけてみてください。

その答え1つで、その先輩が「売れ筋」か「死に筋」か一発でわかります。

逆に言えば、あなたも同じ質問を受けたとき、どれだけの答えが返せるか。その準備をつねにしておかなければなりません。そこで仕事人としての質が判断されます。

余談ながら、新人の頃は、「どうして自分がコピー取りなんてさせられるんだろう……」と思うことがあるでしょう。

それにしたって疑問に思わないよりは、思うほうが絶対いいです。

ただし、それを単なる文句や愚痴として思うのではなく、「もしもシリーズ」で「もし自分が経営者だったら、この問いにどう答えるだろう」と考えてみてほしいのです。

　すると、たとえばこんな答えが浮かび上がってきます。

組織の中で誰かがコピーを取らなければならない。だとしたら、知識や経験もなく、もっとも生産性の低い新人がコピーを取るのが一番妥当。つまり、新人の自分が適任ということではないか。

――どうですか？　それなりに納得できる答えでしょう。

「コピー取りなんてイヤだ」と思うなら、その作業を他の人に回した方が、会社が儲かると証明できるくらい、自分の生産性を上げることです。

　そうやって、**一事が万事、あらゆることについて疑問を持って、自分なりに考えて、持論を持っておく。**

　このスタンスで働いている人と、そうでない人とでは、「驚くべき差」がつくのも当然です。

定期的に「一人サミット」をやれ！そして、そこに偉人を参加させよ

私は、月に一度くらいのペースで「一人サミット」というものをやっています。

仕事のこと、人間関係のこと、人生のことなど、いろいろ考えたいときに開催するのですが、ここには古今東西、さまざまな偉人に参加してもらいます。

たとえば、参加者は釈迦と徳川家康と明石家さんまと自分。そんな感じです。

自分だけの思考であれこれ考えるのではなく、**「この話、お釈迦さまやったらなんて言うやろうなぁ……」**と考えていると、「きっとお釈迦さまやったら、こんなことを言いはるんやろなぁ……」という声が聞こえてくる。

それは徳川家康でも、さんまさんでも同じです。

そんなふうに、いろんな人の思考、哲学を交えながらやるのが「一人サミット」。もちろん、歴史上の人物や有名人でなくても、尊敬する先輩、親、兄弟でもかまいません。それ以外に特にやり方が決まっているわけではありませんが、これを月に一度くらいのペースで定期的にやる。時間はだいたい30分くらいですね。

これが意外にいいんです。

人間関係に悩んで、いろんなことが嫌になってしまうなんてこともあるでしょう。

そんなとき、尊敬する明石家さんまさんから、「人生、生きてるだけで丸儲けやないか」と言われたら、どう思いますか？

「そらそうや！　こんなことで悩んでいるけど、生きてるだけで丸儲けや！」と思い直すこともできますよね。

そうやって**自分の気持ちを整理することができますし、調子に乗っている自分を戒めることもできます。**

これ、本当におすすめなので、ぜひやってみてください。

じっくり考える時間という意味でも、1か月の自分を振り返る時間という意味でも、かなり価値があります。

◎普段から、「偉人の言葉」を書き留めておく

この本の第6章で「偉人の言葉ノート」というものを紹介しますが、日頃から偉人の言葉をノートに書き残しておくと、「一人サミット」のときに非常に役立ちます。

テレビでも本でも、何でもいいので、偉人の言葉に触れたら、それをそのままノートに書き留めておく。

これで忘れないですみますし、そうやって**ノートに言葉を書き続けていると、その人の思考、哲学、考え方がだんだんと自分にインストールされていきます。**

もちろん、それですぐにその人のようになれるわけではありませんが、釈迦という人の思考や哲学、徳川家康の生き方、考え方などが自分の中に少しずつでも形づくられていくわけです。

そういうベースを持ったうえで「一人サミット」をやると、本当にその偉人たちの言葉、メッセージが聞こえてくるようになります。

自分の思考の質を高め、より意味のある人生を送るためにも、本当におすすめです。

肩書き「オレ」で生きていくためのチェックリスト3

□ つねに、「もしも自分が社長だったら」と考える癖がついているか?

□ 「先輩のやり方」と「自分のやり方」の違いについて、質問しているか?

□ どんなやり方にも疑問を持ち、イノベーションを起こそうとしているか?

□ 定期的に、自分の仕事を振り返る時間を持っているか?

第4章
【セルフブランディング力】
自分をコンテンツ化しろ!

自分を知るために、まず「自分ログ」をつけろ！

「自分で稼ぐ力」を身につけ、肩書き「オレ」で生きていくためには、**とにかく自分をコンテンツ化しなければなりません。**

簡単に言えば、「自分を商品化する」ということです。

その商品の価値が高ければ、当然、いろんな人が高値で買ってくれるわけです。

とってもシンプルな考え方です。

さて、自分をコンテンツ化するために、まず大事なことは何だと思いますか？　これは完璧に決まっています。

自分を知ることです。

これなくして、自分のスキルを磨くことも、自分という商品の価値を高めることもできません。

たとえば、あなたが保険のセールスパーソンだったとしたら、当然保険のことをくわしく知っておかなければならないでしょう。商品知識を増やすのは、営業の基本です。

スマホだって、機能をくわしく知っている人ほど、商品を使いこなしているでしょう。商品のことをよく知っているからこそ、その商品を十分に使い倒すことができますし、その価値を最大限引き出すこともできるのです。これって当たり前の話ですよね。

自分についても同じです。

「自分」という商品を十分に使いこなし、コンテンツ化し、価値を高めるためには、とにかく「自分を知ること」。これは絶対的な鉄則です。

では、どうやって自分を知るのか？

「自分を知る」なんていうのは抽象的で、なかなかイメージできない人も多いでしょうが、じつはそんなことはありません。

まずは、「自分ログ」をつけてみる。そんなところから始めてください。

たとえば、あなたは自分が集中できる時間がどのくらいか、知っていますか?

「人の集中力は60分が限界だ」とか「90分だ」とかいろいろいわれていますが、そんな一般的な話は参考程度に聞いておくとして、自分の体感値として「自分の集中力はどのくらい続くのか」、あなたは知っていますか?

私の場合は、だいたい60分です。ストップウォッチで計っているので間違いありません。それを過ぎると集中力が落ちてくるので、休憩を入れます。

じつに単純ですが、これをやることで「唐土《からつち》」という商品の生産性は高まるわけです。

仕事を始めるときにストップウォッチを押して、「ああ、集中力が切れてきたなぁ」「なんか疲れてきたなぁ」と感じるまでの時間を計る。それも一回だけでは精度が低いので、何度か計っていると「自分の集中タイム」がわかってきます。

これでひとつ、「自分の理解度」が上がるのです。

◎知れば知るほど、「自分」という商品の価値は高まる

同じように、人によって「集中力が上がる時間帯」「ハイパフォーマンスの時間帯」というのがあるでしょう。「早朝に仕事するとはかどる」という人もいれば、「夕方になると乗ってくる」なんて人もいます。

この**「自分にとってのゴールデンタイム」を知る**というのも、時間管理の基本です。

ゴールデンタイムに「ただメールを返信するだけ」なんて単純作業をやるのはもったいないし、それだけ「自分」という商品を無駄づかいしているのです。

せっかくのゴールデンタイムには、それに見合う仕事をする。そうでなければ、「自分」という商品の性能を十分に発揮できません。

私くらい超一流の変態レベルになると、朝何時に起きて、その後何を食べて、何をどのくらいの時間かけてやって……という「ライフログ」をけっこうつけています。

朝はだいたいフルーツを食べます。それは、フルーツを食べたほうが体調が良くて、午前中に頭が快調に働くというのがログによってわかっているからです。

ランチに炭水化物をたくさん摂ると、眠くなるなぁ……とか、そういったことが1つひとつわかってくると、**自分の使い方の質が上がり、自分をよりハイレベルで活用できるようになります。**

そして、それだけ「自分」という商品価値が高まるのです。

あなたも、だまされたと思って、まず1週間「自分ログ」をつけてみてください。

それだけで自分に対する興味が全然変わってきますし、自分への理解も深まります。

すると自然に、「自分の使い方」すなわち「自分の行動パターン」が変わり、パフォーマンスは目に見えてグレードアップしていきます。

何でもいいから、「小さな一番」になれ！

自分をコンテンツ化するうえで、今すぐにでもやってほしいのが「小さな一番になる」ということです。

あなたは、「自分が社内で一番」と言えるようなことが何か思い浮かびますか？

何でもかまいません。メールの返信スピードが一番、経理に出す伝票入力が一番速い、あいさつの声のデカさは一番など、本当に何でもいいのです。

とにかく、**「ここは誰にも負けない！」「絶対に私が一番」というものを、1つでいいからつくってください。**


こう言われて「自分は何もないんです……」なんて言ってるようではダメ。

何もないなら、誰よりも早く会社へ行けばいいでしょう。それだけで、朝の出社一番になれます。

私のおすすめは、**「ひと月に読む本の冊数が一番」**。これはなかなかいいですね。

じつは、私は新入社員の頃、ひと月に読む本が社内で一番でした。社員全員に徹底リサーチしたわけではないのであくまで「唐土調べ」ですが、だいたい月に40冊は読んでましたから、一番と言っても過言ではないでしょう。

◎「自分は○○で一番」だと言いふらす

そして、ここがけっこう大事なのですが、「私は月の読書量一番です！」とあっちこっちで言いふらしていました。

この「言いふらす」というのが意外といいんです。先輩だろうが取引先だろうが、「僕は読書量が社内一なんです！」と言えば、相手は「へぇ～、すごいな！」「何冊くらい読むの？」「どんな本を読むの？」と話が膨らみます。

そこから派生して、「とにかくいろいろ読みたいんで、おすすめの本を教えてください」なんて展開にもなるわけです。

これは、**「僕」という存在が1つのコンテンツになっている**パターンです。

乱暴に言ってしまえば、若い頃は目立ったもん勝ち。

何でもそつなくできるより、「小さな一番」を持っていることの方がはるかに重要です。

誤解がないように少し補足をしておきます。

ある程度キャリアを積んで、社内でもそれなりの結果を出してきたら、「一番」を言いふらすのはやめていきます。実力を認められ、ある程度の地位になっているのに、自分で言いふらして目立つなんて嫌味でしょう。

若いうちは、目立ってなんぼ。

ステージが変わってきたら、自分からあれこれ言ったりはしない。

本当にできる人とは、そういうものです（あっ、またオイシイ話してしもた……）。

ぜひ、あなたも「小さな一番」を見つけてください。

「経験ゼロ」「知識ゼロ」さえ強みにせよ！

新人の頃は、当然のことながら「知識ゼロ」「経験ゼロ」です。

しかし、この**「知識ゼロ」「経験ゼロ」さえ、立派な強みになります。**「新人は知識や経験がないから、まだ自分をコンテンツ化できない」と思っている人は、完全に思考が停止しています。

知識がなくたって、経験がなくたって、会社の中で発揮できる強みがあるじゃないですか。いやいや、むしろ「知識や経験がないからこそ発揮できる強み」があるでしょう。

それは、**「無知である」**ということです。

経験もなく、業界のことを何も知らないからこそ、持てる視点、感じる疑問があるはずです。
そもそも、会社の人間というのは、その道のプロ。
一方、お客さんのほとんどは素人。
つまり、ド新人はそれだけお客さんの感覚に近いということです。
これほどの強みがあるでしょうか。そこはガンガン打ち出していくべきです。

「私は新人で、何もわからないのですが……」
「無知なものですから……」

という枕詞で、自分の感じたことを言う（「持論をふりかざす」のはNG）。これも立派なコンテンツ化です。
これは別に、社会人1年生だけが使える技ではなく、異動した、会社が変わったなど、どんな初心者にも通用するものです。

◎自分の立場をフルに活用する

私は2019年に26年勤めた船井総研を辞め、自分で会社を立ち上げました。その手続きは本当に面倒で、正直、素人にはなかなかわからないものです。

普通の人は、そういう面倒かつ専門的な手続きは税理士や社労士に完全に任せてしまうところですが、私はそんなことはしません。

なぜかって？

決まっているでしょう。いろいろ経験するためです。

人生は経験するためにあるのですから、せっかくのチャンスを無駄にしたりはしません。

くわしくは次の項目でもお話ししますが、何も知らない素人が「会社を立ち上げ、社長になるまでのプロセス」というものは面倒であればあるほど、失敗が多ければ多いほど、**それ自体が魅力的なコンテンツになる**からです。

たとえば、手続きの1つとして年金事務所へ行ったとき、ここでも「私、無知なもんですから……」「何も知らない素人なもんで……」という枕詞は使いまくりました。

本当のことを言えば、こっちも一応26年間、経営コンサルタントをバリバリにやってきたので、ちょっと調べたら、いろんな要諦、ポイントはわかります。本物のコンサルタントとはそういうものです。

でも、そんな「わかってまっせ！」なんて雰囲気は微塵も出しません。「何も知りませんねん……」「わかりまへんねん……」というスタンスの方が、いろいろ教えてもらえて得だからです。

それで、相手が適当なことを言おうものなら、「ん？　こっちでもちょっと調べてみたんやけど、ここはこうとちゃうんか？」とビシッとつっこむ。

そんなやり取りを巧みにやると、相手が税理士だろうが役人だろうが、みんな一生懸命やってくれます。

そんなふうに**自分の立場をフルに活用するのも、コンテンツ化をするときのコツです。**

知識や経験が豊富な人は、もちろんその部分が自分の強み、コンテンツになるでしょう。でも反対に、「知識ゼロ」「経験ゼロ」でも十分にコンテンツになるのです。

要は、「どこが自分の強みになるのか」ということを、しっかり、そして柔軟に考えているか、ということです。

今現在、「そのままのあなた」にもコンテンツとなる部分は絶対にありますから、ぜひ探してみてください。

すべての体験を「コンテンツ」にしろ！

キーワードは「共感」と「問題解決」

前の項目で、私が会社を立ち上げるとき、税理士や社労士に任せっぱなしにしなかったという話をしました。

それは、**あらゆる経験がコンテンツになる**からです。この本でも「経験を無駄にするな」という話を何度となくしていますが、本当にそのとおりです。

じつは、コンテンツ化をするときに重要なキーワードが2つあります。

それは、「共感」と「問題解決」。

ものすごくシンプルに言ってしまえば、お客さんというのは「共感」か「問題解決」にお金を払います。

わかりやすいのが本です。あなたはどうしてこの本を手に取り、わざわざお金を出して買ってくださったのでしょうか。

一番多い理由が、「自分で稼ぐ力を身につけたい！」「私も、肩書き『オレ』で生きていきたい！」と思ったからでしょう。そのノウハウ、ヒントが欲しいから、この本にお金を出したという理由です。

これはまさに「問題解決」です。

あるいは、こんなパターンはどうでしょう。

きっとあなたにも、大好きなミュージシャンがいると思います。ちなみに、私はB'zや矢沢永吉が大好きなのですが、なぜ彼らのCDを買うかと言えば、それは「共感」です。

彼らの音楽や歌詞（あるいは生きざま）に共感し、心を動かされるから、わざわざお金を出してCDを買い、ライブに足を運ぶのです。

◎面倒なことや失敗は、最高のコンテンツ

さて、ここからはあなた自身のコンテンツ化の話です。

たとえば、あなたが「超口ベタなのに営業の仕事をしている」としましょう。口ベタなので、営業がなかなかうまくいかない。

プレゼンも下手くそで、全然契約が取れない。そんな状況にいるとします。

もちろん、そのままではダメダメです。

それこそ、本書に書いてあるようなことを徹底的に実践し、人の3倍時間をかけて考え、実践して、なんとかその状況を打開しなければなりません。それはもう絶対です。

しかし、おもしろいのはここからです。

もし「超口ベタ」なあなたが、何とか工夫して、営業成績でトップを取れるようになったとしたらどうでしょう。

これって、すごいコンテンツだと思いませんか？

もともとしゃべりが上手な人が営業成績トップを取るより、ずっと価値あるコンテンツになります。

なぜなら、「超口ベタで、営業成績が全然伸びない」という状況は、同じような境遇で苦しんでいる人たちの大きな「共感」を呼びますし、「超口ベタでも、成功できる営業術」なんて、まさに「問題解決」だからです。

こんな魅力的なコンテンツはありません。

要するに、今あなたが問題に直面しているとしたら、それはコンテンツが生まれるチャンスに遭遇しているということです。

人間関係の問題であれ、取引先の横暴であれ、顧客から受けた理不尽なクレームであれ、あなたが今直面している問題が大きければ大きいほど、魅力的なコンテンツを生み出すチャンスなのです。

どうですか？　ワクワクしてきたでしょう。

難題に直面し、死ぬほど悩んでいるあなた、今がチャンスです。

そういう発想になった瞬間、日々の仕事への向き合い方は決定的に変わってくるはずです。

「なりたい自分」をイメージして、「マイルストーン」を設定せよ

自分はどんな人になりたいか。

これはめちゃくちゃ大事なんですが、この質問をすると「ちょっとよくわかりません」という人がすごく多いんです。

いやいやそんなもん、私から言わせれば、いろいろ考えすぎや。

私はどんな人になりたいかと聞かれたら、「すごいヤツ」です、と答えます。

とにかく、「すごいヤツ」になりたい。

「なりたい自分」なんて、こんなアホみたいなものでいいんです。

というより、それくらい抽象的なほうがいい。私はそう思っています。「すごい人」で

も「優しい人」でも「賢い人」でも「デキるヤツ」でも、何でもかまいません。

あらためて、あなたはどんな人になりたいですか？

そう尋ねられたら、ズバッと答えられるような**「なりたい自分」を決めておいてください。**

さて、重要なのはここからです。

「なりたい自分」というものがわかったら、そこからどんどんブレイクダウンして、マイルストーンを設定していきます。

たとえば、「すごいヤツ」が「なりたい自分」だとしたら、「すごいヤツ」ってどんな人だろうと考えます。

社内の誰かをイメージしてもいいし、有名人でも、スポーツ選手でも、過去の偉人でもいい。とにかく、自分にとっての「すごい人」を想像します。

私の場合、明石家さんまさんが大好きで「めっちゃすごい人」だと思っているので、さんまさんをイメージしたら、次は「さんまさんは、どこがすごいんやろう」と考えます。

まず、さんまさんはしゃべりのテンポがめちゃくちゃいい。エイトビートを効かせているというか、タモリさんともたけしさんとも全然違う。さんまさんならではの、しゃべりのテンポがある。

しかも、あの独特のテンポを自分だけでつくるのではなく、相手にもガンガン求めていくのがさんまさんのスタイル。

実際、さんまさんは芸人にはもちろん、相手が俳優さんであろうと、「このときの返しはこうやろ！」とネタやリズムについてガンガンダメ出ししていきます。そうやって、スタジオ全体のリズムを生み出しているんです。

そんなことをいろいろ考えながらじっくり観察していると、さんまさんは上手に質問しながら、ゲストの方たちに話を振っていることに気づきます。

すると、「そうや、自分に必要なのは『質問力』や！」ということが見えてくるわけです。

そこで、次のフェーズです。

「自分も質問力をつけるために何をすればいいか」を考えると、

「やっぱり質問力を鍛えるには、まず質問の量が必要やな」と思い、

「それなら質問をとにかく考え続けよう」

「どのくらい必要かな？」

「1日1個考えるとしたら、月に30個」

「よし、これからは必ず月に30個の質問を考えることにしよう！」


という感じで、どんどんブレイクダウンしていくのです。

この「月に30個質問を考える」というのがマイルストーン。すなわち、目指すべき中継ポイントというわけです。

とにかく、**最初に「なりたい自分」を決め、どんどんブレイクダウンして、具体的な数字を伴った「マイルストーン」を設定する**――これが唐土流の成長モデルです。

◎「結果ベース」ではなく、「行動ベース」で積み重ねる

とてもシンプルな方法なのですが、こんなことを真剣に、継続的にやっている人って、じつはほとんどいません。これを続けていたら、間違いなく効果があります。

だって、冷静に考えてみてください。

「なりたい自分」「理想の姿」を追い求めて、そのためにやることを具体的に決め、日々淡々と積み重ねていく――これって、やってることはイチローと同じだと思いませんか？

こう考えたら、本気で続けていけば、とんでもないステージに到達するに決まっています。

ここでも重要なのは、**「結果ベース」で考えずに、とにかく「行動ベース」で積み重ねていくことです。**

「質問力をアップさせる」と言っているうちはあいまいですが、「月に30個質問を考える」

となった瞬間に具体的になり、かつ行動ベースになっていきます。

成長も成果も、すべて行動によって生まれるもの。行動を積み重ねていけば、必ず「なりたい自分」に近づいていきます。

「なりたい自分」はふわっとしたものでいい。でも、そのアプローチを具体的な行動ベースにすることが最大のポイントです。

ちなみに、「なりたい自分」をふわっとさせているのは、その方が永遠に達成できないからです。つまり、いったん達成して燃えつきない仕組みにしているのです（ここ、オイシイところです）。

肩書き「オレ」で生きていくためのチェックリスト4

□ 一日のうちで、自分にとっての「ゴールデンタイム」を把握しているか？

□ 「これだけは、誰にも負けない！」と思える何かがあるか？

□ 「無知だから」という理由で、発言を控えていないか？

□ 失敗してもただでは終わらず、その経験を何かに生かそうとしているか？

□ 3年後に「なりたい自分」をイメージしているか？　それに向けて行動しているか？

第5章【関係構築力】

コミュニケーションの達人になれ!

「すごいですね！」を連発できる人になれ！

肩書き「オレ」で生きていくために絶対必要なのが**コミュニケーション力**です。

以前、田原総一朗さんも「AI時代に必要なのはコミュニケーション力とイマジネーション力」という話をしていました。これが、今後求められる必須のスキルと言っていいでしょう。

さまざまな分野でAIが進出してきても、仕事をするうえで「人と人とのつながり」は絶対になくなりません。相手とどうかかわっていくか、その能力を問われる場面はむしろ増えていくのではないでしょうか。

そこでさっそくおすすめしたいのが、「すごいですね！」を連発するというコミュニケーション。

先輩・上司でも、取引先の人でも、お客さんでも、誰かの話を聞いたら、「それはすごいですね！」「めちゃめちゃすごいですね！」。それを連発していきます。

これだけ聞くと、「なんと薄っぺらで、アホみたいな話！」「コミュニケーションってそんな単純なもんやないで」と感じる人も多いでしょう。

そんなことは、私だってわかっています。

でも、考えてもみてください。

コミュニケーション力のすぐれた人って、どんな人でしょうか？

「どんな話を聞いても、まっすぐに受け止めて感動、共感できる人」

「その感動や共感をストレートに表現して、相手を喜ばせられる人」

「相手に対する賞賛、感謝を素直に伝えられる人」

これらはすべて、「コミュニケーションの達人」のなせる業ではないでしょうか。

それを私流に言うと、『「すごいですね！」を連発できる人』となるわけです。真面目な話、心の底から「すごいですね！」を連発するなんて、なかなかできないですよ。

本気でこれができる人は、まぎれもなくコミュニケーションの達人です。特に若いうちは、これができるのと、できないのとでは大きな違いを生むでしょう。

ただし、誤解しないでください。

口先だけで「すごいですね！」を連発していればいいというものではありません。そんな見え透いたコミュニケーションはすぐにバレます。むしろ逆効果です。

大事なのは、その先でつねに理由を用意しておくことです。

聞いた話の「どこがすごいのか」「どうすごいのか」「何が勉強になったのか」「どの部分に共感し、感動したのか」ということをしっかり言えるかどうか。

ここがもっとも重要です。

◎その人から何でも学び取ろうという姿勢で聞く

若いうちは、先輩でも、お客さんでも、取引先の人でも、素直な姿勢で、相手の話に興味を持ってさえいれば、いろんな話をしてくれます。

そのときは、もちろん「すごいですね！」「めっちゃ勉強になります！」を連発します。

これが基本です。

すると、なかには「おおそうか、どこがそんなに勉強になった？」「どのあたりがすごいと思った？」と聞き返してくる人がいます。

私なら絶対聞き返します。だって、「どこにそんなに感動したのか」知りたいですから。

これが、もっとも大事な瞬間です。

そのときに「えっと……」「あの……」なんて言っているようでは全然ダメ。連発した「すごいですね！」が空回りして逆効果になります。

調子のいい、何も考えてないヤツと思われるのがオチ。

しかし、そのときに「〇〇さんにも、そんな大きな挫折があったなんて驚きでした。でもそんな挫折からもしっかり学んで、今ではそれをネタにされているところがすごいと思いました」とでも言えれば、印象はガラリと変わります。

結局、それが言えるかどうかが勝負なのです。

だからこそ、ボケ〜ッと聞いていては全然ダメ。「すごいですね！」を連発しながら、「どこが、どうすごいのか」を必死で考えながら聞くわけです。

まずは、そのコミュニケーション力を身につけてほしいと思います。

ここまでの話を、単純なコミュニケーションの内容だと思っているかもしれませんが、**じつはこれ、めちゃくちゃ大事な「学びのスタンス」の話でもあります。**

飲み会でも、セミナーでも、それこそ本を読んでいるときでも（口に出すかどうかは別にして）「すごいですね！」を連発しながら話をインプットして、「どこが、どうすごいのか」を考え続ける。

これって、ものすごく大事なスタンスです。これをやっているだけで、学びの質は2倍にも、3倍にも跳ね上がります。

セミナーへ行っても、ビジネス書を読んでも、「まったくためにならなかった」なんて言う人がいますが、それは違います。

正直に言えば、「価値の高いセミナー」もあれば、「そうでもないセミナー」もあります。それは本でも同じこと。

でも、「まったくためにならない」なんてことはありません。2時間のセミナー、200ページの本のなかで、自分が「すごいですね！」と言える箇所が1つもないなんて、そんなことあり得ませんから。

もしあるとしたら、それは「すごいですね！」を連発する気持ちで聞いていないからです。そのつもりで本を読んでいないからです（ズバリ、否定的スタンスです）。

学ぶスタンスで話を聞いて、**「どこが、どうすごいのか」を考え続けていれば、必ず何か見つかります。**それが1つも言えないのは、その経験から学ぶ意識と感性が決定的に足りないということです。

この本で述べた「経験を無駄にしない」とはそういうことです。

「すごいですね！」を連発するなんて、アホみたいな単純なコミュニケーション術だと思われがちですが、マインドの部分までしっかり考えると、かなり大事な話なのです。

「定型質問」を投げかけろ！

若い頃から現在に至るまで、私がずっと続けているコミュニケーション法があります。

それは、「定型質問を投げかける」というやり方です。

要するに、**誰にでも同じ質問を投げかける。**そのための「定型質問」を用意しておくということです。

ちなみに、私の定型質問はこんな感じ。

- **あなたのモットーは何ですか？**
- **最近、何かおもしろいことありました？**
- **おすすめの本は何ですか？**

これらの質問は、誰に対しても聞きまくっています。

私は仕事柄、中小企業の社長と話をすることも多いのですが、「モットーを聞く」というのはかなり大事で、有効なコミュニケーションでもあります。

経営をするうえでのモットーを聞くと、人となりや考え方、従業員に対する思い、社会における役割など、いろんなことがわかってきます。

相手が社長でなかったとしても、それこそ社内の先輩に対しても、「〇〇さんが仕事をするうえでのモットーって、どんなものですか？」と聞きまくっていました。

定型質問をすると、「答えを比較できる」というのが何と言ってもおもしろいところ。

仕事のモットーなんて聞くと、「売れ筋の先輩」と「死に筋の先輩」とでは言っていることの深みが違うというか、その人が普段どれだけ考えて、どれだけの思いを持って仕事に向き合っているのかが一発でわかります（第3章でもお話ししましたね）。

そして**当然、「自分はどうなんだろう？」と自問することにもなります。**

同じように、「最近、何かおもしろいことありました?」と聞いて、「じつはこんなことがあってさ……」とすぐに話しはじめる人がいたら、それってすごいと思いませんか?

そういう話がすぐに出てくるのは、それだけ「経験を無駄にしていない」ということ。別に、その人の周囲ではつねにおもしろいことが起こっているわけではありません。

それだけ、**日常で起こっていることにアンテナを立て、しかもきちんとストックできている**ということなのです。

ならば、自分も「最近おもしろいことあった?」と聞かれたら、すぐに話ができるくらいにしておこうと思うじゃないですか。

これって、組織に縛られず、肩書き「オレ」で生きていくためにもけっこう大事です。

もちろん、ここで紹介しているのは「唐土の定型質問」ですから、ぜひあなたも自分なりの定型質問を用意しておくといいと思います。それだけでネタが集まりますし、おもしろい会話ができるようになります。

◎目の前の人の自尊心をくすぐる

余談ながら、定型質問を考えるとき頭の片隅に置いてほしいのが、**「相手の自尊心をくすぐる質問をする」**ということです。

コミュニケーションというのも、結局は1つのサービス。相手が「気持ちよくしゃべりたくなること」を聞くのは大事なポイントです。

乱暴に言ってしまえば、みんなしゃべりたがっているわけですから、その「しゃべりたい部分」を聞いてあげるのもコミュニケーションの立派なコツなのです。

私が「あなたのモットーは何ですか？」と聞くのもその一例ですし、そのほかにも「社長の夢って何ですか？」「理想について教えてください」なんて聞くこともあります。

SNS全盛の世の中を見渡せばわかるとおり、時代のキーワードは「承認欲求」。**「誰かに認められたい」「自分を承認してほしい」**という思いをみんなが持っているんです。

その心理を利用すると言うと何だか嫌らしい感じがしますが、実際のコミュニケーションで、相手の自尊心をくすぐる質問をすることはとても重要なのです。

そして、「すごいですね！」と反応し、「どこが、どうすごいのか」を伝え返す。

これって、まぎれもなく「コミュニケーションの達人の業」。

そんなことを嫌味なくやれる人は、間違いなく魅力的です。もはや、「人たらし」の域でしょう。

「あいさつ」は絶対に大事！

　ここにきてめちゃくちゃ基本的なことを言いますが、あいさつは大事です。

「そんなこと、言われなくてもわかってる！」と思われるでしょうが、本当に大事です。

　いろんな社長に話を聞くと、「最近はあいさつもできない若い人が多い」と割と多くの方が言います。ＳＮＳでのコミュニケーションは得意でも、対面のコミュニケーションが苦手という人が増えているのでしょうか？

　しかし、ＩＴ化、ＡＩ化が進めば進むほど、相対的にリアルな人間関係が重要になってくることは間違いありません。

　その人間関係の入口が、まさにあいさつです。

私はいつも、**若い人、特に新人は、「誰にでもあいさつできる」という強烈な特権を持っている**と思っています。これも1つの強み、コンテンツです。

ベテランだって「あいさつしちゃいけない」なんて決まりはありませんが、やっぱりエレベーターに乗って、全然知らない人に元気にあいさつするとなると、ちょっと抵抗がありますよね（私はガンガンやりますけど）。

その点、新人なんて社内の全員が「初めまして」なんですから、誰かれかまわず「おはようございます！」「おつかれさまです！」と大きな声であいさつしていいのです。

自社のエレベーターで、知らない人に会って「おはようございます！」とちょっと印象に残るくらいの元気さであいさつしたら、相手だって「ああ、おはよう。新入社員？」くらいのことを聞いてくるかもしれません。そうしたら、しめたもの。

「新入社員の○○です。営業部に配属されましたので、これからもよろしくお願いいたします」と会話ができます。もしかしたら、相手も「困ったことがあったら、いつでもおいで」なんて言ってくれるかもしれません。

それで**困ったことがあったら、バカ正直に、本当に訪ねていく**——これって新人の特権でしょう。

自分の強みを最大限に生かすのは、「肩書き『オレ』で生きていく」ための基本中の基本です。

◎何かあったときに、気軽に相談できる関係をつくる

「肩書き『オレ』で生きていく」というのは、たしかに「組織に縛られない生き方」ができるようになることではあります。ただし、それは社内の人たちに嫌われたり、敵をつくったりするということではありません。

むしろまったく逆で、**この先、肩書き「オレ」で生きていくためには、敵をつくらないということが非常に大事になってきます。**

会社の人に嫌われ、追い出されるような人が、世間とダイレクトに対時して、組織に守

られることもなく、自分の力だけで生きていけると思いますか？

よほど特殊な能力を持たない限り、そんなことは不可能です。

だからこそ、人よりも元気にあいさつをする。そうやって相手に顔と名前を覚えてもらって、**何かのときに「助けてもらえる関係」「相談できる関係」の第一歩を築く。**これは必須のスキルでしょう。


余談ながら、私はアトリエのマンションでも、誰よりも元気にあいさつします。マンションのオーナーといつもあいさつしているので、向こうも「いってらっしゃい！」と明るく返してくれます。

そういう関係ができていれば、何かあったときにすぐ相談できますし、そもそも気持ちがいいし、フレッシュな気持ちでいられます。

極論すれば、どうせ人とすれ違うなら、楽しい気持ちになったり、親密な人間関係を築いておいた方がいいに決まっています。

シンプルに言ってしまえば、「あいさつができないのに仕事ができる人なんていない」のです。

相手の「顔色」は読みまくれ！

「嫌われないスキル」を身につける

相手の顔色を読む。これも重要なスキルの1つです。

若い頃は、上司や先輩の顔色を読むことが多いと思うのですが、じつはこの体験が5年後、10年後に大いに役立ってきます。

この本を読んで、「よし、3年後からは、肩書き『オレ』で生きていくぞ！」と息巻いている人のなかには、上司や先輩に一目置かれていて、「結果を出してるから、何をやっても文句は言わせねぇ」みたいなタイプもいるかもしれません。

実力があるのは素晴らしいことです。

しかし、ちょっとだけ先の未来を想像してみてください。

人の下で働いているうちはそれでいいのですが、立場が変わればそんなわけにはいかなくなります。自分が上司になったら、今度はマネジャーとして人を管理、サポート、教育しなければなりません。そのときに、**相手の顔色ひとつ読めないようでは、いいリーダーにはなれない**のです。

結局、仕事で大事なのは人の心。ＡＩ時代になれば、なおさら「人の心」を掌握できる人材が求められます。

だから、若手のうちからどんどん相手の顔色を読む練習をしておいてほしいのです。

たとえば、上司や先輩にもいろいろなタイプがいるでしょう。それこそ、地雷も人それぞれ。こと細かに報告しなければ怒り出す人もいれば、「要点だけを述べろ！」「結論を簡潔に言え！」なんて人もいます。

それどころか、機嫌がいいときはめちゃくちゃフレンドリーなのに、ちょっと虫の居所が悪いとブスッとして、仕事で必要だから声をかけているのに、関係ないことでガッツリ怒られたりします。

こっちとしては、「ふざけんなよ！」「あんたの機嫌くらい、自分でコントロールしろ！」と言いたいところですが、そんな**いろんな人に会えて、理不尽な経験ができるのも会社のいいところ。**

まさに、「相手の顔色を読む」のには、うってつけの練習場じゃないですか。

それぞれの上司や先輩のタイプを把握して、地雷をきっちり避けながら、そのときどきの機嫌なんかも考慮して、巧みにコミュニケーションを取っていく。

これは本当に大事なことです。後で絶対に役に立ちます。

言ってみれば、**「嫌われないスキル」**。本当にいい仕事をする人は、「嫌われないスキル」を持っているものです。

これは何も、「ヘコヘコしたイエスマンになれ」と言っているのでも、「社内政治に奔走しろ」と言っているのでもありません。

組織の人間であれ、フリーランスであれ、起業して経営者になるにせよ、自分が本当にやりたいことを実現するには、人の協力が絶対に必要になってきます。

そのときに必ずかかわってくるのが「人の心」。
相手の顔色を見て、相手の心を感じ取れない人に、誰が協力してくれるでしょうか。

◎つねに、相手の感情を感じ取ろうと努力しているか？

この話をすると、今度は「どうしたら相手の顔色が読めるようになりますか？」と聞かれるのですが、私の答えは単純明快。

まずは、**「つねに感じ取ろうとすること」**です。「この人は、今どんな気持ちなのかな？」「もしかして、ちょっと不機嫌なのかな？」と意識しまくること。これに尽きます。

よく、セミナーなんかで唐突に、「家から駅までで赤いものを思い出してください」と言われても全然思い出せないのに、意識して歩いてみるとたくさん目につく、なんて話があるでしょう。まさにそれです。

相手の感情、心の状態というのも意識して見ていれば、だんだんとわかってきます。その体験をメモして蓄積していくと、相手の好み、コミュニケーションパターン、地雷なんかもわかってきます。

それが感じ取れないというのは、スキルというより意識の問題です。

もともと私は生意気なタイプで、好き勝手に発言してしまう方ですが、相手の顔色を観察することにかけても、めちゃくちゃ意識してやってきました（こう見えて、繊細でカワイイところもあるんです）。

そうやって、慎重に相手の心を感じ取っているからこそ、生意気キャラでも生き抜いてこられたのです。単なる生意気キャラでやっていけるほど、社会は甘いものではありません。

怒られたときは、とにかく謝れ！　そして、質問しろ！

相手の顔色を読み、地雷を避けようとしていても、怒られることはあります。間違って相手の地雷を踏んでしまうこともあれば、こちらがミスをしてしまうことだってあるわけです。

そんなときはどうするか？

もちろん、謝るんです。これは、船井幸雄さんから教わった人生における鉄則。**口先だけで謝るのではなく、しっかりと心から謝罪する。**これは大前提の話です。

ただし、怒られたときには、もう1つ重要なことがあります。

それは、**「質問すること」**です。

- **私のどこがよくなかったんでしょうか？**
- **どこを、どうすればよかったんでしょうか？**
- **どうしたら、私はもっと成長できるでしょうか？**

そんな質問をすることです。間違っても、反抗的な態度で聞くんじゃないですよ。素直な気持ちで、本当に「どこが、どうまずかったのか」「これからどうしたらいいのか」を尋ねます。

そうやって素直に、真摯に尋ねたとき、きちんと教えてくれる人の話というのは、やっぱり聞く価値があります。**売れ筋の先輩なら、必ずそこで有効なアドバイスをしてくれます。**

一方、こうした質問を投げかけているのに、ただ感情をぶつけるだけでロクな話もできないような人の叱責は、聞き流しておけばいいのです。「なんやこの人、感情で怒ってるだけか」と思っておけばいい。

誰だって怒られれば、そりゃあ落ち込むでしょう。

気持ちはわかります。でも、それは家に帰ってから、夜、一人で思いっきり落ち込めばいい。

その瞬間でも大事なのは、何と言っても**「体験を無駄にしないこと」**。

だったら、「どこが、どうまずかったのか」「これからどうしたらいいのか」を聞かない手はありません。

怒られたときこそ質問する——ぜひ、がんばってみてください。

肩書き「オレ」で生きていくためのチェックリスト5

□ どんな話を聞いても、「何が、どうすごいか」を伝えているか?

□ 相手の自尊心を満たすような質問をしているか?

□ むやみに敵をつくらず、何かのときに相談できる人がいるか?

□ つねに、目の前の人がどんな感情なのか、想像しているか?

□ 怒られたら、その理由を必ず聞いているか?

第6章【メモ力】

あらゆる
体験を
自分の
血肉にしろ!

体験を無駄にしたくなければ、「ノート」を使え！

じつは私は、「ノートマニア」と言っていいほど、ノートを使いまくります。

というわけで、この章では、私のノートの使い方をまとめて紹介しようと思います。

使っているのは、いわゆる普通の大学ノート。気に入ったもの、書きやすいものを選べば何でもいいでしょう。

私がノートを「相棒」にしはじめたのは18歳くらいですから、もうかれこれ31年。これまでに書いたノートは約３００冊にものぼります。

まさに、私のライフログ。

これまで生きてきたなかで、体験したこと、感じたことがすべてノートに詰まっていると言っても過言ではありません。

ではなぜ、これほどまでにノートを使うのか？

一言でいえば、それは**「体験を無駄にしないため」**です。

あらゆる体験を自分の血肉とし、自分のコンテンツにするためです。

この本でも、「体験を無駄にするな！」という話はしつこいくらいにしてきました。

あなたが今まさに体験していることすべてがコンテンツ。肩書き「オレ」で生きていくための「最強の武器」になるわけです。

それを無駄にするというのは、本当にもったいないことです。

たとえば、

- **あなたが体験したこと**
- **あなたが出会った言葉**

・あなたが感じたこと
・あなたが自分に問いかけ、考えたこと
・あなたがこれからやりたいと思うこと

こうしたものたちは、**すべて「あなたのコンテンツ」**。少なくとも、「コンテンツの源」となる貴重な資源です。

ところが驚いたことに、多くの人がこの資源をあっさり川に流してしまっています。

たとえば、あなたはこれまでに膨大な「言葉」に出会っています。本を読んだとき、テレビを観たとき、人に話を聞いたとき、あなたは「なんて素敵な言葉なんだ！」「いい言葉だなぁ……」と感心し、感動した経験が何度も、何度もあるはずです。10個や20個ではありません。少なく見積もっても100個、200個、もしかしたら1000個、2000個の「名言」に出合っているはず。

では、あなたはそのうちの100個でも覚えていますか？

絶対に覚えていないでしょう。

そんなもん、覚えていられるはずがありません。

超もったいない。これは人生の大損失です。

◎ノートは人生の「最高のパートナー」

私なら、絶対にそんなもったいないことはしません。経験を無駄にするということは、人生を無駄にしているのと同じですから。

それは、「誰かの名言」に限らず、「自分が感じたこと」「考えたこと」などもすべて同じです。

どんな事柄でも、頭をよぎった瞬間に記録しておかなければ、絶対に忘れてしまいます。

すると、その体験は無駄になってしまうのです。


だからこそ、ノートに書く。

体験を無駄にしないために言語化し、記録する。

これは、めちゃくちゃ重要かつ有用な習慣です。

ノートに書いて、それを眺めながら、さらに考えを深めるのもよし。

ノートを開いて「そのときの感覚」を呼び覚まし、自分を鼓舞したり、戒めたりするのもよし。

ノートは、まぎれもなく最強のツールであるだけでなく、**あなたを成長させ、勇気づけ、戒めてくれる「最高のパートナー」なのです。**

「偉人の言葉ノート」

自分を勇気づける方法

「偉人の言葉ノート」は、その名のとおり、偉人の言葉を書き連ねていくノート。歴史上の人物でも、現在活躍している人でも、（別に偉人でなくても）誰でもかまいません。本で読んだ言葉、テレビで観た言葉、誰かに聞いた言葉、ネットで調べた言葉。何でもいいので、自分の琴線に引っかかった「言葉」を書いていきます。

ポイントは、**自分の思いや感想はあえて書かないこと。**「誰かの言葉」だけを綴っていきます。

この「偉人の言葉ノート」は、いわば、自分の好みの考え方、価値観、生き方が詰まった辞書のようなもの。「バイブル」と言い換えてもいいでしょう。

私の「偉人の言葉ノート」には、次のような言葉が書いてあります。

・明日死ぬかのように生きよ。永遠に生きるかのように学べ。（マハトマ・ガンジー）

・自分を元気づける一番良い方法は、誰か他の人を元気づけてあげることだ。（斎藤茂太、精神科医・随筆家）

・その思想がたとえ高潔なものであっても、人間の最終目標は思想ではなく行動である。（トマス・カーライル、スコットランドの思想家）

こんな言葉が何百、何千と、私のノートに書いてあります。

何か悶々としているとき、迷ったとき、落ち込んだときなどに、私はペラペラとこのノートをめくります。

すると、**私が尊敬する人たちが、さまざまな言葉で私を勇気づけてくれます。**

森信三
「逆境は神の恩寵《おんちょう》的試練である。苦しみや悲しみの多い人が
自分は神に愛されているとわかった時、すでに本格的に人生の軌道に
乗ったものと言ってよい」

良寛
謙「私の口から出てくる言葉はすべて贈り物でありたい」

小林正観
「弱音を吐かずに一生懸命やっていて、それがまたダメになったとしても、投げ
出さずに、『不平不満・愚痴・泣き言・悪口・文句』を口にしないで
精神 やっていくことです。
たぶん、私たちの人生はそのくり返しです。そのときに『こんな状況でも、よく
投げ出さずに、頭に来ずに、誠実に生きてきたなぁ』と思えること、
どうもそういうことを問われているらしいのです。
だから、大きくなればなるほど、より大きくならせるための試練が必ずあるようです。
そして、その結果として魂が鍛えられるんだ、ということを教えているのではないでしょうか」

「あら探しをするために、この世に生を受けたわけではありません。
素敵なこと、素晴らしいことを探す（それを見つけることを感動と呼びます）ために、
多くの時間と労力を使いたいものです」

神渡良平…脳出血で倒れた友人への言葉
「私は治りたい、治りたいと思って努力したのではありません。治ることは
すでに決まっており、その様子を写真でも見るようにありありと思い描いて
リハビリしたんです。私たちは三次元の世界に住んでいるから、時間、
空間の制限はまぬがれません。だからもうすでに治っている状態を手前に
引き寄せるためにリハビリしただけです」

それは素晴らしい時間ですし、とてもいいリセットにもなります。

この本でも「一人サミット」について紹介しましたが、「偉人たちが参加するサミット」を開催できるのも、日々この「偉人の言葉ノート」に言葉を書き残し、ときどき眺めているからこそ。

そのおかげで、私を励ますような偉人たちの言葉、哲学、考え方が自然と浮かび上がってくるのです。

じつは、本をまた書こうと思ったのも、次の言葉に出合ったからでした。

・著述業の人間は一行か二行によって、ものすごい失意のどん底にある人に勇気を与えるという可能性があるわけです。
一つの文章が人間一人を立ち直らせるんだから、その数行の文章の力ってすごいですね。
（小林正観）

「感じたことノート」

体験をストックする方法

「感じたことノート」とはその名のとおり、自分が感じたことをそのまま書くノートです。「百聞は一見にしかず」ということで、私の「感じたことノート」の一部を紹介しましょう。

- **時間を味方にすれば、自然とお金がついてくる**
- **何でもわかったつもりになるな！　それこそバカだぞ！**
- **何を言うてんねん、オレは！　偉そうに**
- **人を試さない、評価しない**

・日本で一番おもしろい勉強会、唐土がやります
・言ってほしくないことは絶対言うな！
・床に寝ころがると、自分を取り戻せる

「感じたことノート」というだけあって、何の脈絡もない言葉がランダムに、雑多に並んでいるでしょう。アイデアやネタを書くこともあれば、自分に対する戒めや反省、自分へのメッセージや意識づけなどを書くこともあります。

いろんな種類の言葉を、それこそ「感じたまま」に書いていきます。

このノートに限っては、直接書くのではなく、少し大きめの付箋に書いて、それをノートに貼るようにしています。

理由は簡単。ノートをいつも持ち歩くのは面倒だからです。いつでもどこでも、「感じたこと」をパパっと書けるように付箋を使っているわけです。

このノートには、いくつかの目的、効果があるのですが、第一はやっぱり**「経験を無駄**

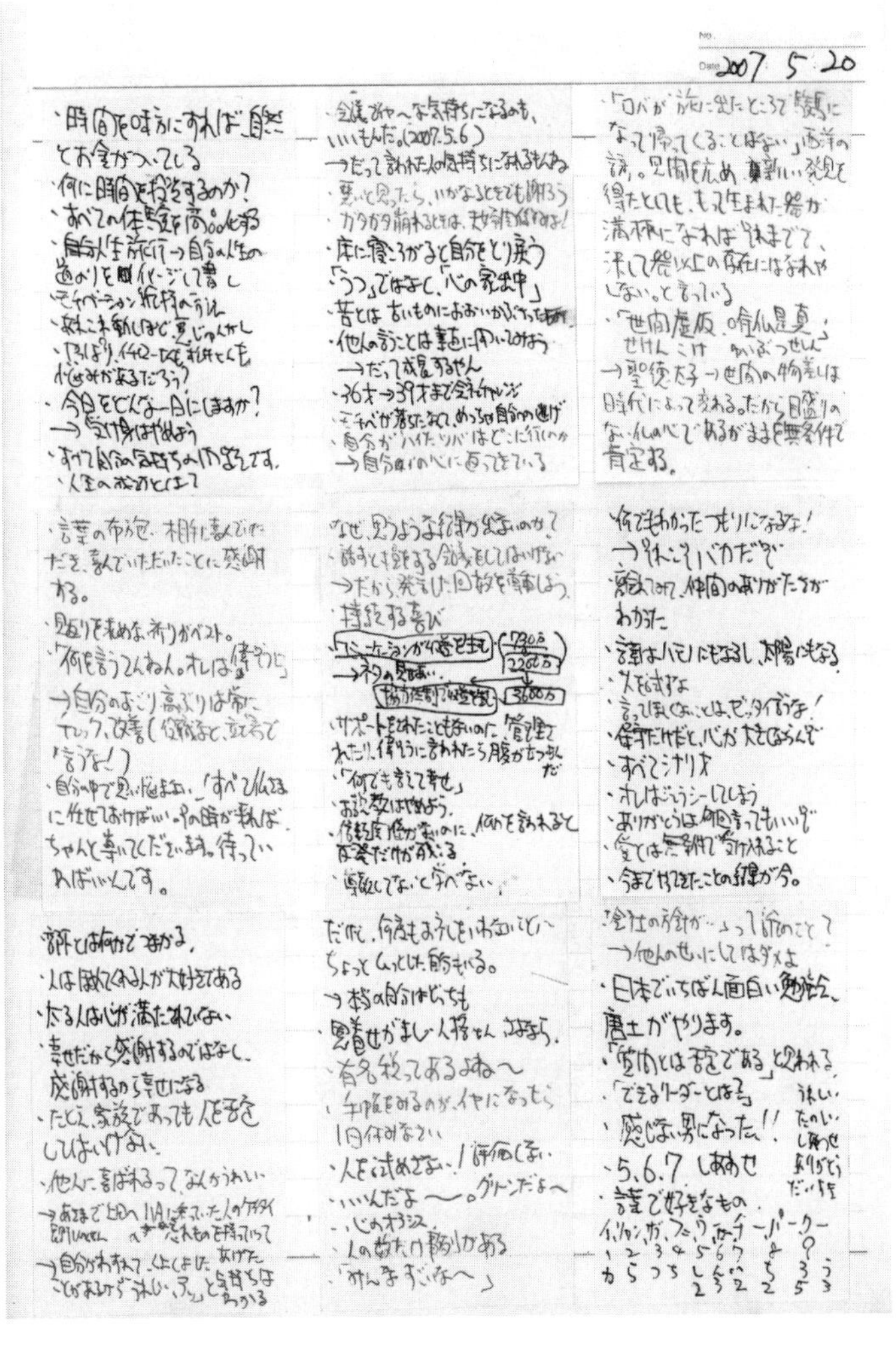
No.
Date 2007 5 20

・時間を味方にすれば、自然とお金がついてくる
・何に時間を投資するのか？
・すべての体験を商品化する
・自分人生旅行→自分の人生の道のりをイメージして書く
・モチベーション維持の方法
・今日をどんな一日にしますか？
→受け身はやめよう
・すべて自分の気持ちの問題です。
・人生の目的とは

・会議でイヤ〜な気持ちになるのも、いいもんだ。(2007.5.6)
→だって言われた人の気持ちになれるもんね
・悪いと思ったら、いかなることでも謝ろう
・カタカタ崩れるときは、无分別を体得せよ！
・床に寝ころがると自分をとり戻す
「うつ」ではなく、「心の充電中」
・苦とは 古いものにおおいかぶさった状態
・他人の言うことは素直に聞いてみよう
→だって成長するやん
・36才→39才まで全力チャレンジ
・モチベが落ちたなんて、めっちゃ自分の逃げ
・自分がハイだったりはどこに行くのか
→自分自身の心に戻ってきている

・「ロバが旅に出たところで馬になって帰ってくることはない」西洋の諺。見聞を広め、新しい発見を得たとしても、もって生まれた器が満杯になれば、それまでで、決して器以上の存在にはなれやしない。と言っている
・「世間虚仮 唯仏是真」
せけんこけ ゆいぶつぜしん
→聖徳太子→世間の物差しは時代によって変わる。だから目盛りのない仏の心であるがままを無条件で肯定する。

・言葉の布施。相手に喜んでいただき、喜んでいただいたことに感謝する。
・見返りを求めない祈りがベスト。
・「何を言うてんねん。オレは偉そうに」
→自分のおごり高ぶりは常にチェック、改善（役職など、立場で言うな！）
・自分の中で思い悩まない。「すべて仏さまに任せておけばいい。その時が来れば、ちゃんと導いてくださいます。待っていればいいんです。

なぜ、思うような結果が出ないのか？
・話すと損する会話をしてはいけない
→だから発言した回数を減らそう。
・持続する喜び

・サポートされたこともないのに、管理されたり、偉そうに言われたら腹が立つもんだ
・「何でも言えて幸せ」
・お説教はやめよう。
・信頼関係がないのに、何かを言われると反発だけが残る
・尊敬してないと学べない。

何でもわかったつもりになるな！
→それこそバカだぞ
・体験してみて、仲間のありがたさがわかった
・言葉はハモノにもなるし、太陽にもなる
・人を試すな
・言ってほしくないことは、ゼッタイ言うな！
・存在だけだと、心が大きくならんぞ
・すべてシナリオ
・オレはジェラシーしてしまう
・ありがとうは何回言ってもいいぞ
・愛とは無条件で受け入れること
・今までやってきたことの結果が今。

・人は認めてくれる人が大好きである
・怒る人は心が満たされていない
・幸せだから感謝するのではなく、感謝するから幸せになる
・たとえ家族であっても人を否定してはいけない
・他人に喜ばれるってなんかうれしい

だけど、何度もお礼をいわないと、ちょっとムッとした自分もいる。
→本当の自分はどっちも
・恩着せがましい人格さん さよなら。
・有名な話ってあるよね〜
・手帳をみるのがイヤになったら1日休みなさい
・人を試めさない！評価しない
・いいんだよ〜。グリーンだよ〜
・心のオアシス
・人の数だけ解釈がある

・会社の方針が…って何のこと？
→他人のせいにしてはダメよ
・日本でいちばん面白い勉強会、
・「できるリーダーとは？」
・5.6.7 しあわせ
・言葉で好きなもの

にしない」ということ（しつこくてすみません……）。

日々暮らしていれば、いろんなことを感じます。気分が乗っているときに感じること、仕事で滅入っているときに感じること、人間関係で何かあったときに感じること、そんな「感じること」で日常はあふれています。

それを「ただ感じているだけ」では、次の瞬間には忘れてしまいます。どんなに素敵で、どんなに貴重で、どんなにかけがえのない感覚だったとしても、ビール一杯飲んだら忘れてしまうでしょう。

「偉人の言葉ノート」も同じですが、**一流の人にはメモ魔が多く、引用上手でもある。**これは特筆すべき共通点です。

きっと誰もが経験あると思うのですが、一流の人と飲み屋で話をしていると、「〇〇さんが、こんなことを言っていたんだよ」「最近読んだ本に書いてあったんだけどね……」「ちょうど、昨日思いついたんだけどさ……」なんて話をよくしてきます。

ただぼんやり聞いていると、「へぇ、すごいですね」なんて聞き流してしまいますが、そういう話がポンポンできるというのは、**それだけ「体験」がストックされ「整理」されているということです**（第5章でも出てきましたね）。

単純に言ってしまえば、つねに記録、メモしているということです。

シンプルに、**「感じたことはメモしておけ」**です。

◎言語化されていないものを言語化する練習にもなる

「感じたことノート」には、もう1つ重要なポイントがあります。

それは、**「言語化」のトレーニング**です。

ノート、付箋に書くからには、当然、言葉にしなければなりません。

そもそも、頭の中でふわっと浮かんだイメージやアイデア、感覚は、その時点では明確な言葉になっていません。

それを言葉にする練習――「感じたことノート」にはそんな効果もあります。

この本の冒頭でも、「これからは個人の時代」という話をしましたが、今は「誰もが発信できる時代」です。有名人でなくても、企業や組織のトップでなくても、誰もが発信でき、それにたくさんのフォロワーがついたり、さまざまな付加価値を生んだりします。

つまり、「自分の言葉で表現できる」ということがめちゃくちゃ重要になっている時代なのです。

感じる感性はもちろん大事ですが、それを言葉にして表現する力。

言葉にして共有する力。

これも今という時代、「自分の力で稼ぐ」ために欠かせないスキルの1つです。

#「自問自答集」

自分の気持ちを知る方法

ここでは、少し毛色の違うパターンとして、「自問自答集」というノートを紹介します。

このノートには、**とにかく「問い」だけを書く。**答えは書きません。

言ってみれば、**自分に対して「本質的な問いを投げかけてくれる師匠」**のような存在であり、**「自分の考えを引き出してくれるインタビュアー」**でもあります。

そんなよき相手、素晴らしき相棒をつくり上げるのが、この「自問自答集」。

たとえば、こんな感じです。

・自分はいったい何者なのか?

- **何のために生きているのか？**
- **これからどう生きたいのか？**
- **なぜ、このような状態なのか？**
- **何に気づき、何を学ばなくてはならないのか？**
- **自分が楽しんでやれることは？**
- **そのために、誰かがお金を払ってくれることは？**

こんな問いを、思いついたときに書き綴っていきます。そして、ときどきこのノートを開き、考える。

一番の目的は、やはり**「自分の考えを明確にする」「自分の進むべき方向をはっきりさせる」**というところにあるでしょう。

自分の考えが硬直して、何かに行き詰まっているときって、誰にでもあるものです。あるいは、なんとなく「仕事がうまくいかないなぁ……」「自分の人生、このままでいいのかなぁ」なんて思うこともあるでしょう。

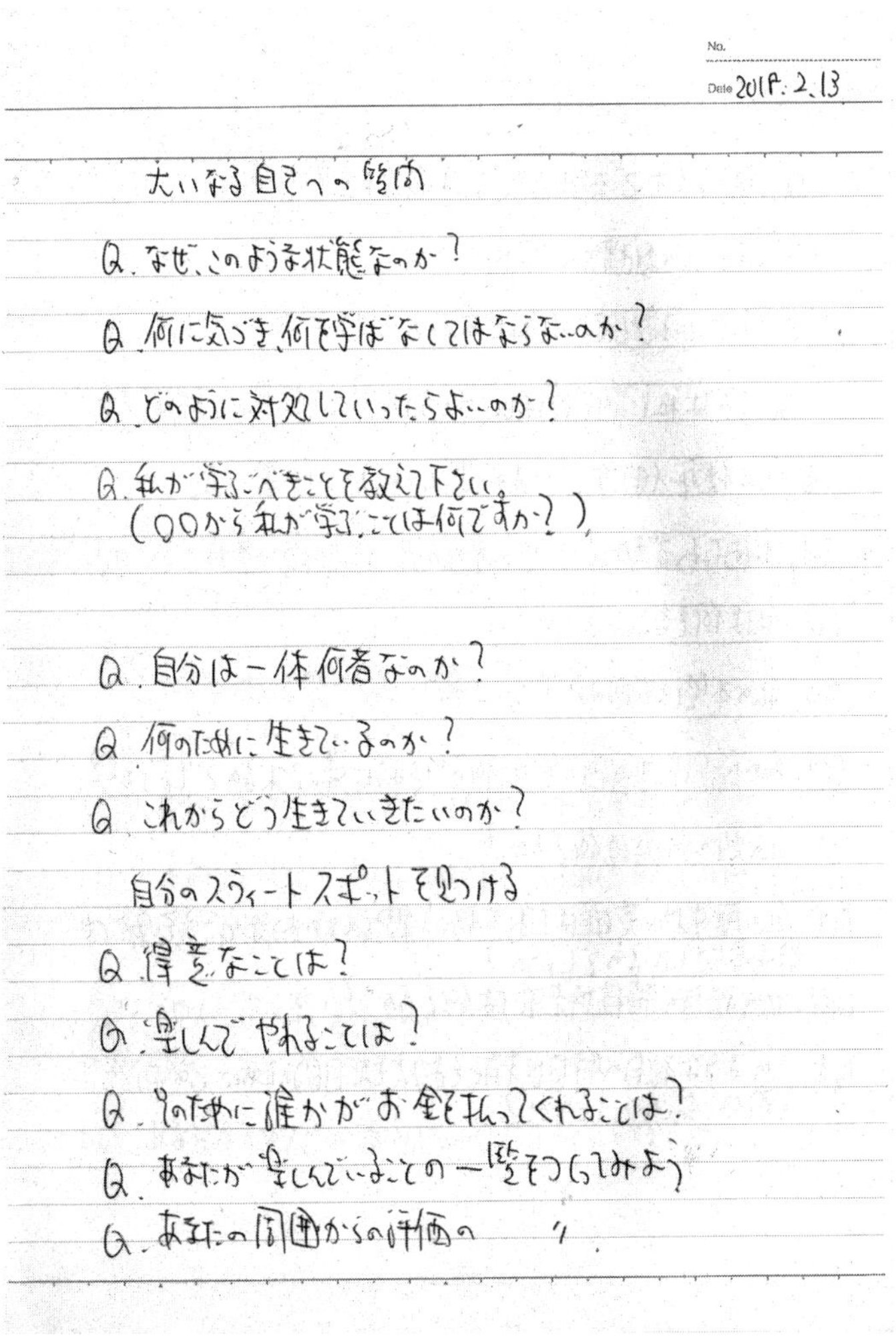
No.
Date 2018.2.13

大いなる自己への質問

Q.なぜ、このような状態なのか？

Q.何に気づき、何を学ばなくてはならないのか？

Q.どのように対処していったらよいのか？

Q.私が学ぶべきことを教えて下さい。
（○○から私が学ぶことは何ですか？）

Q.自分は一体何者なのか？

Q.何のために生きているのか？

Q.これからどう生きていきたいのか？

自分のスウィートスポットを見つける

Q.得意なことは？

Q.楽しんでやれることは？

Q.そのために誰かがお金を払ってくれることは？

Q.あなたが楽しんでいることの一覧をつくってみよう

Q.あなたの周囲からの評価の　〃

そんなときに、この「自問自答集」を開き、質問のシャワーを浴びるんです。

本質的な問いを浴び、自分の根本について向き合い、自分の信念、価値観について考える――これは、とても貴重な体験です。

◎迷ったときに立ち返る原点になる

ここまでこの本を読んできて、書いてあることに本気で素直に取り組んだら、3年後、あなたの立っているステージは間違いなく変わっています。これは絶対です。

人生の岐路に立って、自分の生き方について、進む道について本気で考えるタイミングが来ているかもしれません。

そんなとき立ち返るのは、やっぱり**「自分とはいったいどんな存在で、何を考え、何を大事に、何を求めていくのか」「どんな人たちと、どんな仕事を、どんなスタイルで実践していきたいのか」**。

まさに、自問自答。そのときにこそ「自問自答集」を開いて、本質的な質問のシャワーを浴びまくってください。

「こんなときどうするノート」

自分の問題を解決する方法

次に紹介するのは、「こんなときどうするノート」。これまたその名のとおり、「こんなとき」「どうするのか」を書くためのノートです。

この「こんなとき」というのは、いわゆるピンチというか、ちょっと困った状況など、「どうしていいかわからない……」「どうにかしたい……」という状況を想定しています。

たとえば、「焦ったとき」。誰だって、人生のうち何度かは焦るでしょう。毎日のように焦っている人もいるかもしれません。

そんな「焦ったとき」どうするか。私のノートには、こんなことが書いてあります。

①風呂に入る
②旅に出る
③近所を散歩する
④焦りに感じていることを書き出す

もう少しイメージを膨らませるために、もう1つくらい紹介しておきましょう。
次は「集中できないとき」です。

①机の上を片づける
②ノートを書く（15分）
③15分だけ何もしない
④深呼吸する
⑤音を切る（スマホ、テレビなど）
⑥視力をチェックする

⑦ 外出する

ここまで読んできて、「なんか、アホみたいなノートやなぁ」と感じた人もいるかもしれませんが、そんなあなたはこのノートの本当の凄みがわかっていません。

そもそも、このノートには「何か問題が起こったとき」「つらいとき」「苦しいとき」「うまくいかないとき」「迷ったとき」などの状況が設定されています。

そういうネガティブな状況のとき、私たちは往々にして次のような状態になっています。

・パニックに陥っている
・状況が整理できずに混乱している
・気持ちが沈んで、何もする気になれなくなっている
・何から手をつけていいかわからなくなっている

つまり、思考が停止しているか、思考がグルグルと空転するばかりで、冷静かつ建設的に考えられない状態になっているということです。

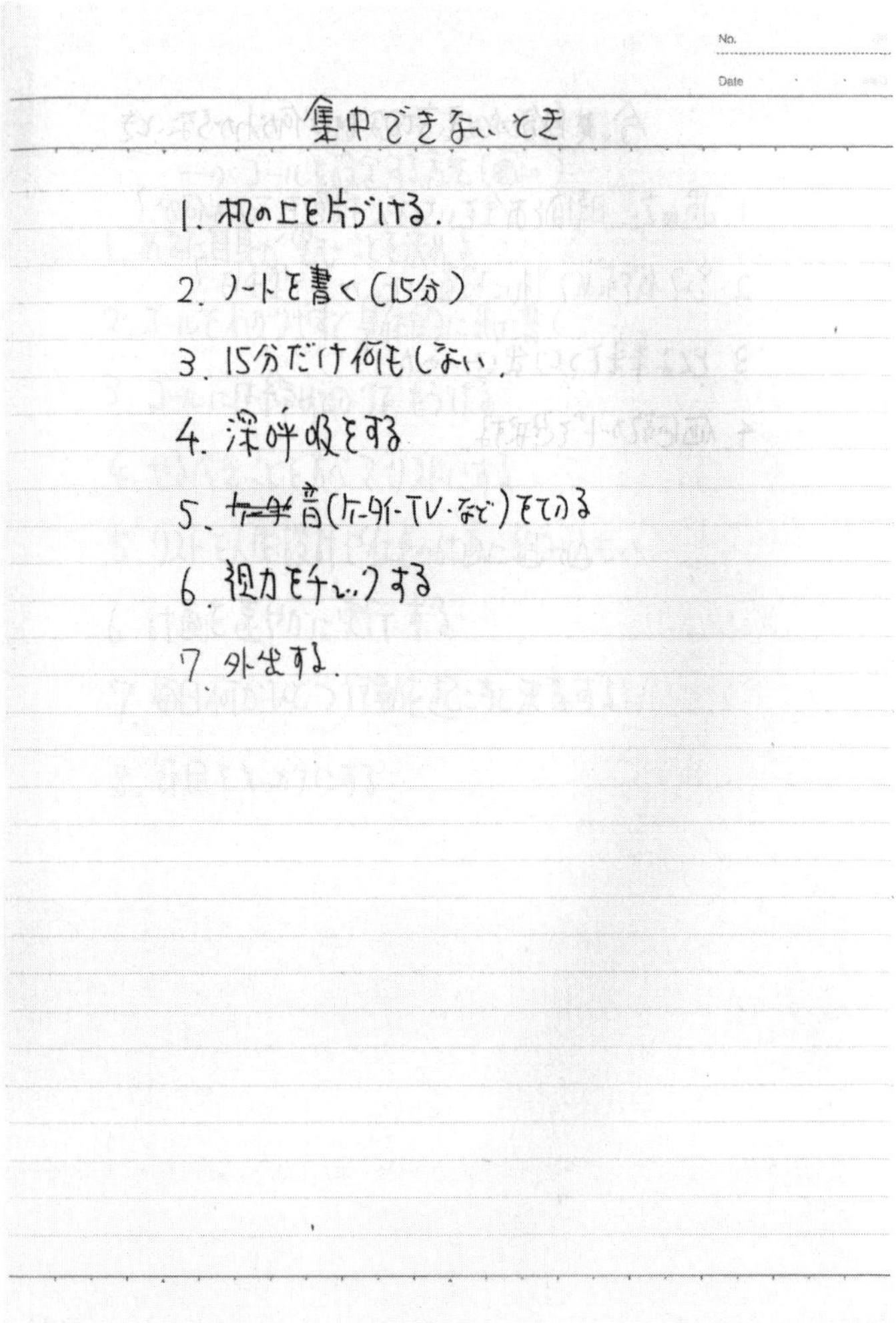
No.
Date

集中できないとき

1. 机の上を片づける.
2. ノートを書く(15分)
3. 15分だけ何もしない.
4. 深呼吸をする
5. ~~ケータイ~~音(ケータイ・TV・など)を切る
6. 視力をチェックする
7. 外出する.

そして言うまでもなく、行動は止まっています。動いているとしても、ジタバタしているだけでしょう。

そんなときに、「こんなときどうするノート」を開くのです。

まともに思考できないときに、「どうしよう?」「どうしたらいいか?」「どうするべきか?」なんて考えたって、そもそも無駄。だって、考えられないんですから。

精神的に追い詰められているときに、何かを考えようっていう発想自体がナンセンスです。

だから、**「その状況」に陥ったときに「何をすればいいのか」を、あらかじめ書いておく。**そして実際に、その状況に陥ったら、**何も考えず、ノートに従ってみる。**

これで、「ナンセンスな思考地獄」から解放されるというわけです。

◎苦しいときに、迷わず一歩を踏み出せる

自分が苦しい状況にあるとき、その状況から脱するためにもっとも必要なことは何だと

思いますか？

それは、**「一歩を踏み出すこと」**です。

何でもいいから、小さな行動を起こすことです。

「つらい状況」「苦しい境遇」というのは、結局、精神的な話です。

物理的、現実的な状況はどうあれ、精神的に追い詰められるから、思考停止に陥り、具体的な一歩が思い浮かばず、さらに焦り、さらに思考が空転し、どんどん苦しくなっていってしまうのです。

本当は「小さな一歩」を踏み出したいのに、それがわからない。そんな悪循環にはまっていってしまうのです。

そんなときは、とりあえずノートに書いてあることをやってみればいい。

「風呂に入る」でも、「近所へ散歩に行く」でもかまいません。ただノートを開いて、どれかをやってみればいいのです。

何より価値が高いのは、**「やることが決まっていて、それがノートに書いてある」**ということです。

そのうちに状況が改善するか、改善しないままでも思考が整理されたり、気持ちが落ち着いてきます。そんなふうに、少しでも「まともな状態」が戻ってきたら、また次のことを考えればいい。

そんなリカバリーのためのルーティンが、「こんなときどうするノート」なのです。

「やりたいことノート」

小さな夢をかなえる方法

最後に紹介するのは「やりたいことノート」。

シンプルに、「あなたがやりたいと思うこと」を羅列していくノートです。

こんな話をすると、「やりたいことがなかなか見つからないんです……」「自分のやりたいことがわからないんです……」という人がけっこういます。

言いたいことはわかります。本当に自分がやりたいことを見つけて、それを言語化するにはそれなりに熟成期間というか、発酵期間が必要なものです。

でも、じつはそういう人にこそ、「やりたいことノート」をおすすめしたいのです。

たとえば、私のノートにはこんなことが書いてあります。

- **温泉へ行く**
- **絵の具を買う**
- **食事をつくる**
- **個展を開く**
- **歌をつくる**
- **「ありがとう」ばかり言う**

これを見て、「えっ、やりたいことって、そんなレベルかいっ！」とずっこけた人もいるでしょう。

私に言わせれば、「そんなレベルでええねん！」です。

「やりたいこと」というと、つい「人生のテーマ」とか「将来の夢」「ミッション」「熱中できるもの」なんてものを思い浮かべがちです。

No.
Date 2014.10.13

楽しいこと、やりたいこと企画リスト　P.M 5:05

1. 寝る。
2. 自分を楽しむ …キンチョーしてる自分の「心」を見極める。
3. 静じゃくを楽しむ
4. 人生を楽しむ →人生はゲームか!?
5. 仕事を楽しむ
6. 「ありがとう」ばかり言う
7. ノートを書く。
8. 歌を収ロク
9. 歌を聞く。
10. 海①の職場、3ドリてづくり
　　森

①沖縄
②北海道

もちろん、そういうものがある人はガンガン書いてほしい。

でも、そういうものがバシッと決まっていない、そこまで熟成していないという人は、こんなレベルでいいんです。


アホみたいなことでも、誰かに笑われるようなことでも、どんな些細なことでもいいから、**とりあえず書いて言語化する。そして、できることから実践していく。**

それがめちゃくちゃ大事なんです。

◎小さな夢をかなえれば、自己肯定感が上がる

「食事をつくる」と書いたなら、すぐに冷蔵庫を開けて、そこにある肉と野菜を炒めればいい。

「絵の具を買う」だったら、画材屋に出かけていってもいいし、アマゾンでポチってもいい。たったそれだけのことです。

じつは、このノートには**「自分のやりたいことに気づく」**（意識を向ける）という側面と、**「それをすぐに実現させる」**（体感する）という2つの側面があります。

いわば、**夢を見て、夢をかなえる練習**です。

世の中、アホみたいにいろんな人が「夢はかなう」と言っていますよね。

私も「夢はかなう」派ではあるんですが、けっこう大事だと思っているのは「夢をかなえる練習」です。

その練習で必要なのが、**「自分のやりたいこと」に敏感になる**ことと、それを**「すぐにかなえる」という小さな体験をたくさん積む**ことです。

ノートに「絵の具を買う」と書いて、実際に絵の具を買ったら「オレ、なんかいい感じやな」「ちょっとすごいやん」という気持ちになるでしょう。

そんな些細なことの積み重ねで、自己肯定感が高まってくるのです。

そうやって、「オレって、けっこうやれる」と思っている人が、結局は夢をかなえていくんです。肩書き「オレ」で生きていくようになるんです。

だから、どんなアホみたいなレベルでもいいから、「やりたいこと」をノートに書いて、それをちょこちょこ実践していってください。

正直言うと、私だって「やりたいことノート」を他人に見せるなんて、めちゃくちゃ恥ずかしいんです。「なんや唐土、そんなことやりたいんか」「そんなこと思ってるんか」と笑われるようなこともけっこうありますから。

みなさんは他人に見せなくていいですから、「自分がやりたいこと」にしっかり目を向けて、「自分の人生」を楽しくしていってください。

肩書き「オレ」で生きていくためのチェックリスト6

□ 何かを体験したら、必ずそのことをメモしているか?

□ 行動だけではなく、感じたことも記録しているか?

□ 定期的に、自分の信念について自問自答する時間を持っているか?

□ やりたいことを言語化し、できることから実践しているか?

第7章
【成長力】

自分を
アップデート
させろ!

素直じゃないヤツは成長しない！

私がド新人の頃、名刺の渡し方がわからなかったので、先輩に聞きにいこうとしたことがありました。

そのとき、「どうせ聞くなら、偉い人に教えてもらったほうがええに決まってる！」というわけで、直属の上司をすっ飛ばし、役員のところへ行って「名刺の渡し方がわからないので教えてください！」と聞いたのです。

役員は、「このクソ忙しいのに、誰に聞きにきとんねんっ！」とさすがにイラッとしていました。

そりゃあそうですよね。役員に「名刺の渡し方」を聞きにいくアホはいないでしょう。

でも、そのときは後には引けず、「すみません！　偉い人に教えてもらったほうがいいと思ったので！」と思い切って言ってみたら、役員も「しょうがないヤツやな」と言いながら、けっこうていねいに教えてくれました。

そのとき役員は、ただ名刺を渡すだけでなく、

「名刺をもらったら、相手の名前見るやろ。そのときに出身地も聞いてみるんや。名字と地域っていうのは案外ゆかりがあるから、そこで話が盛り上がることがよくあるんや。

あともう1つは、下の名前の方を見て、名前の由来を聞いてみるっていう手もある。名前の由来から話題が広がるやろ。ただ名刺を交換するんやのうて、そうやって話を広げることが大事やで」と教えてくれたのです。

26年前の話ですが、私はそのときのことを今でもはっきり覚えていますし、当時の私はバカ正直なまでにその教えを実践していました。

私の自慢を1つさせてもらうと、私は生意気キャラでアホなこともたくさんやらかすんですが、**人の言うことは素直に聞く**んです。これは私の美徳です。

◎自分自身が宝の山!

組織で仕事をしていれば、「えっ、それをオレがやるんですか……」「そういう仕事は向いてないんだけどなぁ……」ということもたくさんあるでしょう。

そういうときこそ、いったんは素直になる。これが本当に大切です。

この本に書いてあることだって、とにかく一度はやってみる。その素直さと行動力が、結局は一番大事です。

素直さとは「伸びしろ」のこと。私はそう思っています。

自分では向いてないと思っていても、やってみたら案外、そっち方面の能力があるかもしれませんし、「やりたくない」「おもしろくない」と思っていても、やり出したら思わぬ楽しさに出会うかもしれません。

そういうことって、本当に多いんです。

「会社は宝の山」と言いましたが、同じように**じつは「自分自身も宝の山」**なのです。

ただし、「自分」という宝の山は、どのように発掘すればいいのか、自分ではわからないことが多い。特に若手の頃は、そんなことばっかりです。

だからこそ、**自分で決めつけて、せっかくの「伸びしろ」を無駄にしてしまうのはもったいない。**

私のモットーは、「100分考えて行動しないより、1分考えて行動する」ですから、とにかくやってみる。

肩書き「オレ」で生きている人の共通点って、**結局のところ、素直で、行動へのチェンジがめちゃくちゃ速い**というところなのです。

すすめられた本は必ず読め！　そして、必ず感想を言いにいけ！

最近、働き方改革によって残業がどんどん減っています。

肩書き「オレ」で生きていこうとする人にとって、これはすごく喜ばしい状況です。

なぜなら、みんなが22時まで働いている時代に比べて、みんなが18時で帰るということは、個人の時間が4時間増えるということ。


つまり、**その4時間で人に差をつけることができる**からです。


さて、その4時間で何をするか？

友達と遊ぶのも、飲みに行くのもいいでしょう。でも、「キャリア3年で、肩書き『オレ』で生きていこう」と思っているなら、この時間を自分が成長するために使いたいところ。

そこで、もっともおすすめなのが読書。「どうやって自分を成長させようかな」と思ったら、**とにかく本を読む。これが一番です。**

実際、私は若い頃、夜中の12時まで毎日本を読んでいました。だから、だいたい月に40冊、年間480冊は読んでいました。

私の定型質問の話をすでにしましたが、「おすすめの本は何ですか？」と聞いて、そこで紹介された本は絶対に読んでいました。「絶対読む」と決めてましたから。

それがどんなに難しい本であれ、まったく興味のないジャンルであれ、関係ありません。だって、人生は経験するためにあるんですよ。興味のないジャンルでも、読んでみる（経験してみる）価値はあるでしょう。

それこそ、人にすすめられなければ、そんな本に出会うこともなかったのに、その人のおかげで出会うことができたのです。そんなもん、読むに決まってるでしょう。

◎難しければ、「よくわかりませんでした」でいい

すすめられた本を読んだら、必ずすすめてくれた人に「読みましたよ！」と感想を言いにいきます。行くのが難しければ、「読みました！」と必ず連絡します。

これ大事です。

感想自体は「おもしろかったです！」「すごく勉強になりました！」でもいいし、「全然、意味わかりませんでした」「正直、ちんぷんかんぷんでした」でもいいわけです。

実際、難しい哲学書をすすめられて、ヘーゲルかなんかのワケわからない本を読んだこともあります（あっ、今はわかります）。

そんな本でも必死で読んで、「ワケわかりませんでした」と言いにいったら、相手はちょっと嬉しいと思うはず。少なくとも、「コイツ、素直でカワイイな」と思うでしょう。

そういう面も、じつはとても大事なのです。

だからとにかく、すすめられた本は必ず読む。そして感想を言いにいく——若い頃は当たり前のようにやっていました。

読んだ本は「3年後」に花開く！

どんなに興味のないジャンルでも、すすめられた本は必ず読む。
そのもう1つの理由は、

・読んだ本は3年後に花開く
・1行でも自分の気づきになればいい

と思っているからです。
これは私にとって、とても大事な考え方です。
そもそも本というのは、自分の中でしっかりと腹落ちして、本当の価値が生まれてくるまでに1000日くらい熟成期間が必要だと思っています。

18年くらい前に、『マスターの教え』（ジョン・マクドナルド著）という本を読んだことがあります。あまりに昔すぎて、誰かにすすめられたのか、どこかで「おすすめ本」として紹介されていたのか、そこらへんの記憶が定かではないのですが、読んだことは間違いありません。

最初に読んだときは、正直、意味もよくわからないし、まったくピンときませんでした。でも、それから3年くらい経つと、いろんな瞬間にこの本のことを思い出し、その意味というか、価値が少しずつわかってきたんです。

本とは不思議なもので、読んだ後、その内容をはっきり覚えているわけではないのに、潜在意識に放り込まれて、どこか自分の中に残っている――そんなことがよくあります。

それこそ、私みたいに乱読していると、すべてを詳細に覚えているなんて到底不可能です。ただ、その内容が身体のどこかに蓄積され、熟成されて、1000日後くらいに（もしかしたら、それ以上の熟成期間を経て）役に立ってくるのです。

だからこそ、私は**興味があるとかないとかは関係なく、すすめられた本はとりあえず読むようにしています。**

◎ある意味、人生、無駄なことも大事

また、どんなにつまらない本でも、最初の1文字から最後の1文字まで「まったく役に立たない」「感性に引っかかるところがまるでない」なんてことはあり得ません。

もしそんな体験があるとしたら、それは読み手の問題です。

読み手にとって一番よくないのは不感症になること。感動しない体質です。

読み手が不感症だったら、どんな本を読んだってダメ。それこそ、体験がまるっきり無駄になってしまいます。

私は、「1行でも自分の気づきになればいい」と思っています。残りの何千行が無駄になったとしても、**たった1行、自分にとって価値があればそれでいい。**

正直言えば、10冊読めば3冊くらいは「これはつまらんな」と思いますよ。それはそういうもんです。

でも、たまにはそんな無駄もいいじゃないですか。**無駄も含めて人生**なのです。

無駄ついでに完全な余談を1つ加えておきます。

私は就職活動中、飲料メーカーの伊藤園も受けました。

そのときに「こんなことをしても無駄かもしれんなぁ……」と思いながら、当時、伊藤園で売られていた数十種類のお茶やジュースをすべて買ってきて、銘柄別に

- **パッケージ**
- **味**
- **オレのおすすめ度**

という評価を「○」「×」「△」で一覧表にしました。

「オレのおすすめ度」が「×」のものには、「オレが社長なら絶対売らない」なんて寸評

をつけて、面接のときにそれを持っていったんです。

「アホな学生もいるもんやなぁ～」と笑われたら、それはそれでネタになると思っていたのですが、意外にこれが好評で、なんとその場で「きみ、合格！」って言われたんです。

もちろん、今だったらそんな簡単にはいかないでしょうけど、**「無駄かもしれんなぁ」と思ってやったことが、めちゃくちゃ評価された**のを今でも強烈に覚えています。

読書の話からずいぶん横道に逸れてしまいましたが、**人生、ある意味、無駄も大事です。**

そういう意味で、どんな本でもとにかく読んでみることをおすすめします。

どんな本も、熟成期間を経て、いつしかあなたの宝になるのです。

「本の選び方」なんてどうでもいい！

自己肯定感をちょっと上げる方法

読書の話をすると、「どんな本を選べばいいですか？」と本の選び方を聞いてくる人がけっこういます。

私の答えは、「別に何でもいいですよ」「自分の価値観を広げるように、何でも、いろいろ読むことです」という程度の話。

なぜなら、本の選び方なんてさほど重要ではないからです。

むしろ、**「量」を決めてしまうこと。こっちの方が断然大事です。**

たとえば、月に10冊読む。そんなふうに量、数を決めてしまう。

ちょっと想像してみてください。

今から書店へ行って「今月分の10冊を買う」となったら、アホでもいろいろ選ぶでしょう。リーダーとして部下の管理に悩んでいる人なら、そんなテーマを選ぶでしょうし、誰かに「この本がよかったよ」という話を聞いたなら、それも1冊加えるでしょう。たまたまテレビで脳科学のドキュメンタリーを見たなら、そんなジャンルの本も選ぶかもしれません。

それでいいんです。**最大のポイントは、「最初に量が決まっている」ということです。**

ここでまた「月に10冊」みたいな話をすると、新たな質問が飛んできます。

「買ったはいいけど、読めなかったらどうしたらいいんですか？」というものです。

月に10冊というと、平均すると3日に1冊。まあ、読めないこともあるでしょうね。

「決めたんだから、しっかり読めや！」と言いたいところですが、本音を言えば、「読めなくても、それでええやん」「本棚に積んどいたらええやん」という感じ。

無理をしなくても、家の本棚にあれば、暇なとき興味が湧いて、また読みますよ。それでいいんです。

毎月10冊の本を買うお金がない人は、図書館で借りてきたらいいんです。

10冊借りて3冊しか読めなかったら、それを返して、また同じ本でも、違う本でも10冊借りてきたらいいんです。

◎月に1万5000円の投資で、必ず成長できる

「えっ、そんな程度でいいんですか？」と思う人もいるかもしれませんが、それでいいので、**この習慣を3年間続けてみてください。**

それだけでもかなりの本を読むことになりますし、今まで自分では触れることが絶対になかったジャンルの知識を身につけることができます。必ずできます。

本に触れるとはそういうことです。

もちろん、買った本は読んだ方がいい。

でも考えてみてください。毎月10冊の本を買ったり、図書館で借りてきたりしていれば、

それは十分すごいことです。

それだけでも、ちょっとは自己肯定感が上がるでしょう。それでいいんです。

そもそも、この本を読む前のあなたは、そんなことすらしなかったはず。

本が1冊1500円として、**毎月10冊、1万5000円を自己投資するようになったら、絶対成長していますよ。**

それを3年続けたら、人間変わってます。それは断言できます。

まずは、やってみてください。100分考えるのではなく、この本を閉じた瞬間に書店へ行き、その場の勢いで10冊買ってみてください（さあ、あなたはどんな本を買うのか⁉）。

「肩書き『オレ』で生きていける人」とはそういう人です。

インプットしたら、すぐ「アウトプット」しろ！

本を読んだら、何かしら新しい知識やノウハウがインプットされます。

インプットしたら、とにかく即座にアウトプットする。これ、学びの鉄則です。

「すすめられた本を読んだら、その人に感想を言いにいく」という話もしましたが、これも1つのアウトプット。

それ以外にも、私のケースで言えば、「エクセルの新しい使い方」をマスターしたら、すぐにでも同期に「教えてやろうか」とアウトプットしていました（何度も言いますが、当時はロータス123です）。

私の場合、（大阪人のせいか）タダで教えるのはしゃくだったので「ジュース1本で教えてやるわ」なんて言いながら、できるだけ早くアウトプットしていました。

本を読んでいる最中から、「これ、どうやってアウトプットしたろかな」と考えているくらいでちょうどいいです。

この本で読んだ知識やノウハウも、すぐ明日には誰かに言いふらしてください。

アウトプットすることで知識やノウハウが定着するというメリットも大きいですし、この意識を持っていると、つねにアウトプットベースでインプットをするようになります。

その意識の差はめちゃくちゃ大きいです。

◎インプットとアウトプットを繰り返すことが大事

同僚に教えるだけでなく、**上司や先輩に「確認してみる」**ということもよくやっていました。

たとえば、「マーケットのシェアについてなんですが、自分はこんなふうに理解しているんですけど、別の解釈をする人もいます。先輩はどう思いますか?」なんてことをしょっちゅう聞いて、確認していました。

先輩の意見や考えを聞いて、自分の知識や考えがさらにアップデートされるというメリットもありますし、**インプットとアウトプットを繰り返すことで、学びの質が飛躍的に向上しました。**

余談ですが、同じ話を「売れ筋の先輩」と「死に筋の先輩」にして、それぞれの反応を楽しむというのもけっこう愉快です。

ついでに言うと、「インプット・アウトプットのやり取り」を自分の社内、業界内の人だけでなく、いろんなジャンルの人とやっていくと、学びの質、経験の質はどんどん高まっていきます。

今という時代に即した「自分で稼ぐ力」を身につけるためにも、どんどん社外の人、業界の外の人と交わるのは重要です。

どんな世界でも、一歩外に出れば「業界の常識」は非常識。

「自分たちがいかに非常識か」を知るというのも、じつはとても大事な体験なのです。

成長したかったら、「マネ」をしろ！

自分を成長させるうえで、めちゃくちゃ大事なのが「マネ」をすること。

実際私も、**「売れ筋の先輩」がやっていることはマネしまくっていました。**

あるコンサルタントの先輩がクライアントに会いにいくとき、いつもテキストをつくっているのを知ると、頼み込んでそのテキストを見せてもらって、私も完全にマネしていました。

そのほか、スケジュールの組み方、時間管理がものすごくうまい先輩もいて、どういうふうに仕事を入れるともっとも効率的で効果的なのかを聞きまくって、それもがっつりマネしていました。

それと、メモの取り方。

「メモが大事」という話はあっちこっちで聞いていましたが、「いったい何を書いてんのや」と思って、これまた「売れ筋の先輩」にメモを見せてもらって、そのノウハウ、考え方をすべてマネしていました。

成長したかったら、マネをしろ。
それも真剣に、変態になるくらいマネをしろ。

絶対的な鉄則です。

私なんて、「もっとしゃべりがうまくなりたい」という一心で、**講演のうまい人の音声データの文字起こしまでして、徹底的に分析したこともあります。**

「この人は、ここで体言止めにしてるんやな。話が下手な人は、どんどん話がつながって、全然終わらへんけど、上手い人は流暢に話しているように見えて、けっこうピシッと止めてるんやな」

なんてことを事細かに、じっくり分析してガンガンマネしていくのです。

ついでに言うなら、**この分析方法自体は島田紳助さんと同じです。**

有名な話ですが、島田紳助さんは若い頃、人の漫才のネタを文字起こしして、「どこが、どうおもしろいのか」「どこで、どんなリズムになっているのか」「どうやって間をとっているのか」などを徹底的に分析していました。

だから、あの方は「お笑い」というものを、とてもロジカルに語ることができるのです。

そして、その法則を自分に落とし込んで、猛烈に売れていった。ものすごい分析家であり、戦略家です。

◎「マネできない部分」は、マネしなくていい

ただし、ここに大事なポイントが1つあります。

それは、**「マネできる部分」と「マネできない部分」を切り分ける**ということです。

そもそも、人には「マネできる部分」と「マネできない部分」があります。仕事のやり方ひとつとっても、その人固有の能力、キャラクターによって成立しているものは、たいていマネできません。

紳助さんがどんなに研究したって、さんまさんの雰囲気は出せない。逆もまたしかりです。

この切り分けをしっかりやっていくことが、「マネ」のもっとも大事なところです。

あなたの職場にも、きっと「マネしたい先輩」がいるでしょう。あるいは、有名人でも、芸能人でもかまいません。

その人たちの中から、**「自分がマネできる部分」を見つけ出して、徹底的に取り入れる**

——これこそ、自分を成長させる最高のノウハウなのです。

自分が目指すべき「モ・デ・ル」を・つ・く・れ！

なりたい自分になるための技術

前の項目で「マネ」の話をしましたが、私がよくやっているのが**「パーツでマネていく」**という方法です。

たとえば、私は明石家さんまさんが大好きで、いろいろマネして学ばせてもらっているのですが、まるっきりさんまさんを目指しているかといえば、そんなことはありません。

さんまさんの話し方はもちろん勉強していますが、「福山雅治さんの低音の効かせ方を取り入れよう」なんてことも本気でやっているのです。

福山雅治さんって、魅力的な低音をわざと効かせているでしょう。あのエッセンス、つまり「パーツ」を持ってくるのです。

そんな感じで、職場の先輩からはこの部分、有名人からこのパーツ、歴史上の偉人のこの発想など、どんな人の、どんなところでもかまわないから**「いろんなパーツ」を持ってきて、それをアレンジして「自分なりのモデル」をつくり上げる**のです。

◎まず、どんな自分になりたいかを掘り下げる

「なりたい自分」の項目（第4章参照）でも話しましたが、たとえば「かっこいい人になりたい」と思ったときに、「そもそも、自分が思うかっこいい人ってどんな人？」といろいろ考えるでしょう。

福山雅治さんのことを思い浮かべたり、イチローさんをイメージしたり、ビートたけしさんのことを考えるかもしれません。この三者には、それぞれ違った「かっこよさ」があり、それぞれに独特の振る舞い方、考え方、話し方、生き方があります。

つまり、魅力的なパーツがあるわけです。

そのパーツの中で、「自分がマネできそうだ」と思える部分を抜き出し、独自のモデルをつくっていく。

そして、その**「好きなパーツを寄せ集めたモデル」になりきるための具体的なアクションをひたすら考え、日々やり続けていれば、間違いなくあなたは自分がつくり上げた「かっこいい人」に近づいていきます。**

まずは自由に、ワクワクしながら、「誰の、どのパーツを持ってこようかな」と考えて、ノートに書き出してみてください。

そんなモデルをイメージするだけでも、意識は変わっていくものです。

肩書き「オレ」で生きていくためのチェックリスト7

□ 人に言われたことを、素直に受け止めているか？

□ 何かをすすめられたら、それを試し、感想をお返ししているか？

□ 一見、無駄に見えることでも、一度はやろうとしているか？

□ 毎月、決まった額を自分への投資に使っているか？

□ 何かをインプットしたら、すぐにアウトプットしているか？

□ 仕事のできる人を観察し、可能なところはマネしているか？

□ 「自分はこうなりたい」というモデルを、具体的にイメージできているか？

あとがき

この本では、「肩書き『オレ』で生きていく」という話をずっとしてきましたが、そこで大事になるのは**「評価を他人にゆだねずに、自分の評価で生きること」**です。

自分に興味を持ち、自分を知る。

そして、「自分の体験」を無駄にしないように大事にする。

キーワードは、すべて「自分」。向かうべきベクトルは「自分」「自分」「自分」です。

ちなみに、弘法大師（空海）は「生きていくうえで大事にすべきもの」として次の3つを挙げていました（私の個人的解釈ですが……）。

- **自分**
- **自分の人生**
- **今**

私はこのメッセージにめちゃめちゃ感銘を受けました。

SNSでも、職場でも、社会でも、つい「他人」のことが気になって、誰かの活躍を羨んでみたり、誰かの言動に文句を言ったりしていますが、それってアホらしい話。

どれだけ「他人」にエネルギーを使ってんねん！　という話です。

その時間とエネルギーがあるなら、「自分のこと」「自分の人生」にもっともっと注いでください。

他人がどう言おうと関係ないでしょう。その「いろいろ言っている誰か」というのも、結局は「他人のことにエネルギーを使ってるアホ」なんですから。


そして、もう1つ大事なのは「今」です。

この本でも、「キャリア3年で、肩書き『オレ』で生きていく」と言っているくらいですから、未来の自分、将来の生き方を考えるのはもちろん大切です。

でも、本当に大事なのは「今」。

もっと言えば、**「今、自分がどんな行動をするか」ですべてが決まります。**

あれこれ考えたとしても、今、あなたが行動しなければ何も起こりません。

未来は何も変わりません。

まさに、「100分考えるより、1分考えて行動しろ」です。


誰に何を言われたっていい。

うまくいっても、いかなくてもいい。

頭でっかちにならずに、それこそバカになって、素直に、即座に行動してみてください。


この本に書いてあることを、1つでも2つでも、すぐに行動してみる人。

結局は、そういう人がすぐれたスキルを身につけ、自身をコンテンツ化し、肩書き「オレ」で、自らの人生を楽しく生きていくものです。

*

じつは、この本の原型は、2016年から書きはじめた1冊のノートです。タイトルは、

「娘に伝えたいこと」。

私には、大学1年生と高校1年生の2人の娘がいます。思春期の娘たちに口頭で伝えるのも、なんだかウザがられる……と思い、コツコツと休みの日に書いていました。

そのノートの内容をベースに、本書では「自分で稼ぐ力」にフォーカスしました（そういえば、娘2人からのリクエストも、「これからの時代の儲け方、稼ぎ方を教えてほしい」でした……）。

当然のことですが、本書でお伝えした「肩書き『オレ』」は、男性オンリーのものではなく、娘のような女性にも当てはまります。「稼ぐ私」「稼ぐウチ」というのもあり。

もっと言えば、会社を売却したり廃業したりした後の社長にも当てはまることです（会社がなくなれば、社長もただの個人ですし）。

だから、人生100年時代に向けた準備を、今からしてほしいと思います。どんな時代でも、余裕で生活するためにも「稼ぐ力」は必須スキルです。

じゃんじゃん自分の力で稼いで、自分らしい生き方をしてください。

ここで、本書を書くにあたり、ご協力いただいた方々に御礼申し上げます。

田辺直樹さん、薮下隆志さん、照屋圭太さん、中村俊也さん、中村和美さん、成澤紀美さん、玉置義議さん、片山銀次郎さん、小川和宣さん、渡邊俊一さん、斎藤厚男さん、その他大勢のみなさま、本当にありがとうございました。

＊

最後に、みなさんに1つお願いがあります。

ぜひ、本書の感想を、**#肩書きオレ**をつけて、SNSにアップしていただきたいのです。

肩書き「オレ」で生きていく者どうしがつながって、大きなムーブメントにしたいと、本気で思っています。

楽しみにお待ちしております。

肩書き「オレ」で生きていけ!

発行日　2019年9月30日　第1刷

Author	唐土新市郎
Book Designer	杉山健太郎
Publication	株式会社ディスカヴァー・トゥエンティワン 〒102-0093　東京都千代田区平河町2-16-1 平河町森タワー11F TEL　03-3237-8321(代表)　03-3237-8345(営業) FAX　03-3237-8323 http://www.d21.co.jp
Publisher	干場弓子
Editor	三谷祐一　(編集協力：イイダテツヤ)
Editorial Group	藤田浩芳　千葉正幸　岩﨑麻衣　大竹朝子　大山聡子　木下智尋　谷中卓 林拓馬　堀部直人　松石悠　安永姫菜　渡辺基志　郭迪　連苑如　施華琴
Marketing Group	清水達也　佐藤昌幸　谷口奈緒美　蛯原昇　青木翔平　伊東佑真　井上竜之介 梅本翔太　小木曽礼丈　小田孝文　小山怜那　川島理　倉田華　越野志絵良 斎藤悠人　榊原僚　佐々木玲奈　佐竹祐哉　佐藤淳基　庄司知世　高橋雛乃 直林実咲　鍋田匠伴　西川なつか　橋本莉奈　廣内悠理　古矢薫　三角真穂 宮田有利子　三輪真也　中澤泰宏
Business Development Group	飯田智樹　阿奈美佳　伊藤光太郎　志摩晃司　瀧俊樹 林秀樹　早水真吾　原典宏　牧野類　安永智洋
IT & Logistic Group	小関勝則　岡本典子　小田木もも　高良彰子　中島俊平　山中麻吏　福田章平
Management Group	田中亜紀　松原史与志　岡村浩明　井筒浩　奥田千晶　杉田彰子 福永友紀　池田望　石光まゆ子　佐藤サラ圭
Assistant Staff	俵敬子　町田加奈子　丸山香織　井澤徳子　藤井多穂子　藤井かおり 葛目美枝子　伊藤香　鈴木洋子　石橋佐知子　伊藤由美　畑野衣見 宮崎陽子　倉次みのり　川本寛子　王廳
Proofreader	株式会社鷗来堂
DTP	有限会社一企画
Printing	大日本印刷株式会社

ISBN978-4-7993-2557-5